商务印书馆语言学出版基金
《中国语言学文库》第三辑

# 汉语助动词的历史演变研究

李 明 著

2017年·北京

图书在版编目(CIP)数据

汉语助动词的历史演变研究/李明著.—北京:商务印书馆,2017
(中国语言学文库.第3辑)
ISBN 978-7-100-09860-1

Ⅰ.①汉… Ⅱ.①李… Ⅲ.①汉语—助动词—语言演变—研究 Ⅳ.①H146.2

中国版本图书馆 CIP 数据核字(2013)第 049081 号

**权利保留,侵权必究。**

## 汉语助动词的历史演变研究
李　明　著

商　务　印　书　馆　出　版
(北京王府井大街36号　邮政编码100710)
商　务　印　书　馆　发　行
北　京　冠　中　印　刷　厂　印　刷
ISBN 978-7-100-09860-1

2017年9月第1版　　　开本 880×1230　1/32
2017年9月北京第1次印刷　印张 7¼
定价:26.00元

# 目 录

序 …………………………………………………………………… 1

1. 有关助动词的一些基本问题 ………………………………… 1
   1.1　引言 ………………………………………………………… 1
   1.2　助动词的名称、助动词结构的性质 ……………………… 2
   1.3　助动词的划分标准以及助动词的范围 …………………… 3
   1.4　助动词的分类 ……………………………………………… 6

2. 殷墟甲骨文及西周金文的助动词 …………………………… 14
   2.1　殷墟甲骨文的助动词 ……………………………………… 14
   2.2　西周金文的助动词 ………………………………………… 16
   2.3　殷墟甲骨文及西周金文中带有情态意义的语气副词 …… 18
   2.4　小结 ………………………………………………………… 19

3. 春秋战国时期的助动词系统（上） ………………………… 21
   3.1　克 …………………………………………………………… 21
   3.2　能 …………………………………………………………… 22
   3.3　得 …………………………………………………………… 27
   3.4　足 …………………………………………………………… 31
   3.5　足以 ………………………………………………………… 34

4. 春秋战国时期的助动词系统（下） ………………………… 39

4.1 可 ……………………………………………… 39
4.2 可以 …………………………………………… 40
4.3 宜 ……………………………………………… 44
4.4 当 ……………………………………………… 45
4.5 获、欲 ………………………………………… 46
4.6 小结 …………………………………………… 47

## 5. 两汉时期的助动词系统 ……………………………… 49
5.1 能 ……………………………………………… 49
5.2 得 ……………………………………………… 50
5.3 足、足以 ……………………………………… 53
5.4 肯 ……………………………………………… 54
5.5 可、可以 ……………………………………… 54
5.6 宜 ……………………………………………… 55
5.7 当 ……………………………………………… 56
5.8 应 ……………………………………………… 57
5.9 "宜""当""应"的比较 ……………………… 58
5.10 欲 ……………………………………………… 59
5.11 须 ……………………………………………… 59
5.12 助动词的连用形式 …………………………… 63
5.13 小结 …………………………………………… 65

## 6. 魏晋南北朝时期的助动词系统（上）……………… 66
6.1 能、得、足、足以 …………………………… 66
6.2 肯 ……………………………………………… 67
6.3 中 ……………………………………………… 67

- 6.4 好 ········· 69
- 6.5 堪 ········· 69
- 6.6 任 ········· 71
- 6.7 办 ········· 72
- 6.8 容 ········· 72
- 6.9 可、叵、可以 ········· 74
- 6.10 宜、当、应、合 ········· 78
- 6.11 欲、欲得 ········· 80
- 6.12 须 ········· 82
- 6.13 烦、劳 ········· 83
- 6.14 用 ········· 84

## 7. 魏晋南北朝时期的助动词系统（下） ········· 86
- 7.1 要 ········· 86
- 7.2 助动词的连用形式 ········· 94
- 7.3 小结 ········· 98

## 8. 唐五代时期的助动词系统 ········· 99
- 8.1 能、得、足 ········· 99
- 8.2 解 ········· 101
- 8.3 肯 ········· 102
- 8.4 敢 ········· 103
- 8.5 中 ········· 103
- 8.6 好 ········· 103
- 8.7 堪 ········· 104
- 8.8 容 ········· 106

8.9 可、可以、叵 …………………………………………… 106
8.10 合、应、当、宜 ………………………………………… 107
8.11 要 ………………………………………………………… 110
8.12 须、须得 ………………………………………………… 111
8.13 用、假、烦、劳 ………………………………………… 114
8.14 表必要的助动词"要、须、用、假、烦、劳"的比较 …… 116
8.15 消 ………………………………………………………… 118
8.16 由助动词复合而成的双音节助动词 …………………… 119
8.17 小结 ……………………………………………………… 120

## 9.宋代的助动词系统（上） …………………………………… 122
9.1 能、得、足、足以 ……………………………………… 122
9.2 解 ………………………………………………………… 124
9.3 会 ………………………………………………………… 125
9.4 好 ………………………………………………………… 131
9.5 堪 ………………………………………………………… 133
9.6 容 ………………………………………………………… 133

## 10.宋代的助动词系统（下） …………………………………… 135
10.1 可、可以 ………………………………………………… 135
10.2 合、应、当、宜 ………………………………………… 136
10.3 要、要得 ………………………………………………… 137
10.4 消、消得 ………………………………………………… 138
10.5 须、须得 ………………………………………………… 139
10.6 得(děi) …………………………………………………… 142
10.7 用 ………………………………………………………… 143

## 10.8 著、索 ... 144
## 10.9 由助动词复合而成的双音节助动词 ... 145
## 10.10 小结 ... 148

## 11. 元明时期的助动词系统 ... 149
### 11.1 能、能够 ... 149
### 11.2 得、足、足以 ... 150
### 11.3 会 ... 152
### 11.4 好 ... 152
### 11.5 堪 ... 154
### 11.6 可、可以 ... 155
### 11.7 许 ... 155
### 11.8 合、该、应、当、宜 ... 156
### 11.9 要、用、消、消得 ... 158
### 11.10 须、须得、索、得(děi) ... 160
### 11.11 由助动词复合而成的双音助动词 ... 161
### 11.12 小结 ... 163

## 12. 清代的助动词系统(附:现代汉语的助动词系统) ... 164
### 12.1 能、能够、得、可、可以 ... 164
### 12.2 会 ... 165
### 12.3 好 ... 166
### 12.4 许、准 ... 167
### 12.5 该、应该、应当、该当、合该 ... 168
### 12.6 要、用、须、须得、须要、消 ... 169
### 12.7 得(děi) ... 170

- 12.8 值得、配 …… 172
- 12.9 小结 …… 173
- 12.10 现代汉语的助动词系统 …… 173

13. 总结 …… 178
- 13.1 助动词系统历史发展的概貌 …… 178
- 13.2 助动词的来源 …… 180
- 13.3 一般动词引申为助动词的两个主要因素 …… 182
- 13.4 助动词的竞争 …… 183
- 13.5 助动词词义的发展 …… 184
- 13.6 条件类助动词的地位 …… 193
- 13.7 从典型助动词的基本特征谈助动词的范围、助动词结构的性质、助动词的词性 …… 197

附录一：汉语史各时期的助动词分类表 …… 199
附录二：表将来的"要、欲" …… 201
1. 表意愿的"要" …… 201
2. 表将来的"要" …… 203
3. 表将来的"欲" …… 206

参考文献 …… 209
引用书目 …… 212
词语索引 …… 214
后记 …… 217
专家评审意见 …… 沈家煊 219
专家评审意见 …… 洪 波 220

# 序

助动词是汉语中很重要的一个词类。现代汉语的助动词历来有很多研究,相比之下,历史上的助动词研究得比较少。近年来,在汉语历史语法研究中,人们常常从语法化的角度讨论一些词从动词到助动词的演变,但对助动词的历史演变作系统研究的还不多见。李明是较早关注汉语助动词历史演变的一位青年学者,他的《汉语助动词的历史演变研究》对汉语助动词的历史演变作了全面、系统的研究,是一部有较高学术价值的著作。

(一)此书写得很扎实,对汉语助动词的历史面貌作了很细致的描写。作者根据大量的历史文献查考了汉语从古到今近百个助动词在各个历史时期的意义、用法,列出了典型的例句,并详细说明了这些助动词产生、消亡的时代,说明了一些词在不同历史时期意义、用法的变化。这为助动词历史演变的研究提供了翔实的资料,作者也为此花费了大量的时间和精力。

(二)书中对助动词的范围、分类、性质作了很好的研究。作者把一般所说的助动词中表示能力、意志的排除在外;并且根据助动词所表示的情态意义,把助动词分为"认识""道义""条件""估价"四类。其界定和分类都有较充分的语义和语法的依据。分类中的前三类和 Palmer 对英语情态助动词的分类大致相同,第四类是根据汉语的实际而立的。这样,就为本书的研究提供了一个比较合理的框架。这个框架对别的研究者也有很重要的参考价值。在最后一部分"总结"中,作者根据前面的研究,谈了对助动词性质的看法。

(三)书中对助动词的历史演变作了很好的研究。在对汉语助动词的历史面貌进行细致描写的基础上,作者既探讨了各个助动词的演变过程(包括其来源、发展和相互之间的竞争、更替),也总结了助动词系统在各个历史时期的发展,以及助动词语义发展的规律。作者指出,汉语的助动词系统在春秋战国基本形成,经过汉代的发展,到六朝变得复杂,到清代开始简化,现代汉语进一步简化。助动词词义发展的总趋势是从客观性助动词向主观性助动词发展。这样的总结和概括,也是很有价值的。

《汉语助动词的历史演变研究》是在作者博士论文的基础上写成的。这篇博士论文在写成之后经常被人引用,在学术界有较大的影响。我今天重读他的书稿,也感到很有收获。这本书的正式出版是很有意义的。

李明是一位好学深思的青年学者,他治学谨严,能思考问题,有创新能力。这种学术品格,表现在他的这本书里,也表现在他写的论文中。他在北京大学获得博士学位后,到中国社会科学院语言研究所工作,发表了好几篇出色的论文。我相信,今后李明一定会保持他的学术品格,在学术研究上作出更大的成绩来。

蒋绍愚

2015 年 4 月 8 日,于北京大学

# 1. 有关助动词的一些基本问题

## 1.1 引言

本文主要从语义的角度探讨助动词的历史发展;对于助动词的语法功能的分布及发展,本文不重点讨论。本文将首先把各个助动词的各项意义归入"可能、必然、许可、必要"等几个大的类别,确立一个助动词的语义系统,然后依次按照殷墟甲骨文及西周金文、春秋战国、两汉、魏晋南北朝、唐五代、宋代、元明、清八个时期,对下面几个问题进行考察:

一、各个时期新产生或开始消亡的助动词以及助动词之间的竞争、更替。比如助动词"当"在春秋战国产生之后,逐渐代替产生于西周金文的助动词"宜";东汉末年,在"宜""当"的竞争中,"当"已占据绝对优势。

二、单个助动词词义的联系与发展。单个助动词可以表示不同的意思,这几个意义并不一定是同时产生的,比如助动词"须"可以表示必要,这个意义产生于东汉;它在唐五代又从表必要发展出"一定"义,表必然。

三、表示同一类意义的助动词的内部差别。同一类意义可用不同的助动词表示,这几个词可能同义,也可能在意义或用法上仍有差别。比如助动词"可""得"都可以表示许可,但从两汉开始,"可""得"在许可义上基本已有分工:"可"表示情理上许可;而"得"的语气比"可"要硬得多,它往往是就说话人的主观态度或法令而言的,义为"准许"。

四、各个时期助动词语义系统的发展。为了直观地反映这一点,我们将把所考察的各个时期的助动词系统独立为一章或者分为两章;在各章之内,先分成若干小节逐个探讨单个的助动词,然后小结这一时期的助动词系统。

助动词语义的发展有很强的规律性,本文将在文末"总结"部分揭示出这些规律。比如表应当的词有向表主观推断(本文称为表"盖然")发展的趋势,"宜、当、应、合"等词都有应当和盖然二义,应当义在前,盖然义在后。又如表必要的词有向表必然发展的趋势,"须、得(děi)"都有必要和必然二义,必要义在前,必然义在后。

下面首先讨论助动词的名称、范围、分类等基本问题。

## 1.2 助动词的名称、助动词结构的性质

首先谈助动词的名称。助动词的提法源于《马氏文通》提出的"助动字",章士钊在《中等国文典》中第一个使用"助动词"这一称呼[①]。吕叔湘(1990:511)说:"助动词这个名称是从英语语法引进来的,原文的意思是'辅助性的动词'。很多人以为是'辅助动词的词',那是误会。"

据陈望道(1938[1987:11—12]):"美国人高第丕和本国人张儒珍合著的《文学书官话》……把字分做十五类:(一)名头(就是一般所谓名词);……(八)靠托言(就是一般所谓动词,……);(九)帮助言(就是'能''会''该''当''可''肯'等,一般所谓助动词);……"《文学书官话》出版于1869年[②],"帮助言"大概是对汉语助动词的最早称呼。

帮助言、助动词的提法是从语法功能来命名的。助动词还可以从

---

① 见章士钊(1907[1930:156])。
② 见何九盈(1995:77—78)。

其他角度命名。20世纪50年代《〈暂拟汉语教学系统〉简述》开始使用"能愿动词"这一提法(见张志公1997:372),"能愿动词"是从词义来命名的。① 陈望道(1978:71)又有"衡词"这一提法,他说:"一般所谓助动词都是衡量或评议事理的趋势的,所以称为'衡词'。'衡'为评衡的意思。""衡词"也是基于意义来命名的。

助动词与后面的谓词性词语构成助动词结构。关于助动词结构的性质,有"合成谓语"说、状心说、述宾说、"双谓语"说等多种意见(参见胡裕树、范晓1996:175—179)。

朱德熙先生在《语法讲义》中采用的是"助动词"这一名称,并把助动词视为"真谓宾动词里的一类"。② 本文按照朱先生的意见,取"助动词"这一提法,并把助动词结构视为述宾结构。

## 1.3　助动词的划分标准以及助动词的范围

朱德熙先生给现代汉语的助动词归纳了五个特点:一、只能带谓词宾语,不能带体词宾语;二、不能重叠;三、不能带后缀"了、着、过";四、可以放在"～不～"的格式里;五、可以单说。③ 本文所说的助动词,首先要满足这五个特点。当然,这五条标准对古汉语不尽适用,比如第三条只适用于近代汉语以下,因为动态助词"了、着、过"直至近代汉语才产生;第二条与第四条对于判定古汉语的助动词,也很难发挥作用。

与助动词的界限不易划清的其他词类主要是一般动词、副词。区分助动词与一般动词,本文主要采用第一条标准,即:助动词只能带谓词宾语,不能带体词宾语。有的词如"要",既可以带体词宾语,也

---

　① 能愿动词的提法源于王力(1943—1944)所谈的"能愿式"。
　②③ 见朱德熙(1982:61)。

可以带谓词宾语,当它带体词宾语时,我们视为一般动词;当它带谓词宾语时,视为助动词。例如:

  (1)鍊药须岐伯,看方要巽离。(变文·王昭君变文,158①)

  (2)皇帝宣问:"皇后梳装如常,要酒何用?"(变文·韩擒虎话本,299)

  (3)为人却要心明了,莫学掠虚多帝了。(变文·解座文汇抄,1176)

例(1)"要"带名词,为一般动词。后两例同为"要 NPVP"结构,但例(2)应分析为"(要 NP)VP",其中包含着"要 NP"结构,故此例"要"不是助动词的用法;例(3)"要"后的 NPVP 整体作"要"的宾语,此例"要"是助动词。

  助动词与副词的区别主要在于:副词不能与否定词"不"放在一起单说,如"*不也许、*不必须";助动词则可以,如"不可能、不会、不一定"。②

  以上所谈的划分标准能够区分出一般所说的助动词。本文所说的助动词的范围,是在一般所说的助动词的范围之内再排除掉表能力、意志的词。之所以这样做,是因为一般所说的表能力、意志的助动词(以下称 A 类)与一般所说的表可能、必要等意义的助动词(以下称 B 类)在语义和句法功能上有差别。

  从语义上说,A 类词不掺杂对话双方中说话者一方的意见,B 类词则掺杂有说话者的意见。王力(1943—1944[1985:106])说:"能愿式可分为两种:第一种是可能式,就是话里掺杂着咱们的意见的,用'能'

---

 ① 本文的大部分例句,多在篇目之后标明页码。引书的版本参见"引用书目"。
 ② "可能"也有视为副词的,如吕叔湘先生主编的《现代汉语八百词》,本文采用朱德熙先生的意见,视为助动词。郭锐(1999:68)说:"'一定'可以受'不'修饰,可见不是副词,而且不能受'很'的修饰,也不是形容词,而是一个动词;又由于可以带真谓词性宾语,表示情态意义,所以'一定'是助动词。"本文同意这种意见。

'可''必''该'一类的字表示;第二种是意志式,就是话里掺杂着主事者的意志的,用'要''欲''肯''敢'一类的字表示。"意志式不掺杂对话双方中说话者一方的意见,同样,一般所说的表能力的助动词也不掺杂说话者的意见。

吕叔湘(1990:567—568)在谈到判断词"是"时说:"这里说是字是'前谓语',如果用转换生成语法的'深层结构'理论来说,也可以说是是高一级的谓语。比如说,'他北京人+是>他是北京人。'……由高一级的谓语转成前谓语,这种说法也可以应用于一部分(不是所有的)'助动词'。例如,'他忘了这件事+会>他会忘了这件事。''他不知道+不能>他不能不知道。'"吕先生所举两例中的"会、能"都表可能。含 B 类词的句子"NP 助动词 VP"的深层结构是"NPVP+助动词",但含 A 类词的句子不适用于这种分析。

A 类词与 B 类词在表层结构上的差别主要表现在:A 类词可以与句子主语构成主谓关系,但 B 类词与句子主语没有直接的语义关联,不能构成主谓关系。比如我们可以说"他敢、他肯、他愿意",但我们一般不说"他可能、他一定、他应该"。以下两方面也可以反映这种区别:

一、如果以 S 代表主语,以 V 代表助动词,以 O 代表 V 后的宾语,则 A 类词所在的 SVO 格式可以变换为 O(SV),而 B 类词不行。例如:

(4)他会游泳。→ 游泳他会。("会"表能力)

他不愿意一个人去。→ 一个人去他不愿意。

(5)他会成功的。→ *成功他会的。("会"表可能)

我可以在这儿抽烟吗? → *在这儿抽烟我可以吗?

二、A 类词所在的 SVO 格式可以变换为"SV 的是 O"一类强调格式,而 B 类词不行。例如:

(6)他会游泳。→ 他会的是游泳。("会"表能力)

他不愿意一个人去。→ 他不愿意的是一个人去。

(7)他会成功的。→ *他会的是成功。("会"表可能)

你不应该这样做。→ *你不应该的是这样做。

"SV 的是 O"中"SV 的"的层次为"(SV)的",这也说明 A 类词可以与主语构成主谓关系而 B 类词不行。

胡裕树、范晓(1995:257—259)把通常所说的助动词分为表能力、意愿与表必要、可能、许可两类,认为这两类词与句中其他成分有着不同的联系,起着不同的作用,用这两类词的句子的构造也根本不同。他们把前者划出助动词,归入动词,而仅把后者看作助动词。本文同意这种处理。

总之,本文的助动词的范围,是在一般所说的助动词中排除去"敢、愿意"等表意志的动词;"能、会"等动词既可表能力,也可表可能等其他意义,当它们表能力时,我们视为一般动词,当它们表可能等其他意义时,我们视为助动词。①

## 1.4 助动词的分类

朱德熙(1982:62—63)给现代汉语的"能"分出了三项意义:1.表示主观能力做得到做不到;2.表示客观可能性;3.表示环境或情理上许可。吕叔湘先生主编的《现代汉语八百词》给现代汉语的"能"分出了六项意义:1.表示有能力或有条件做某事;2.表示善于做某事;3.表示有某种用途;4.表示有可能;5.表示情理上许可;6.表示环境上许可。单个助

---

① 其实,《马氏文通》只提到"可""足""能""得"四个"助动字"(马建忠 1898[1983:177, 183])。《马氏文通》把"敢、愿、欲"同"恐、惧、怒"并提,视为"记内情所发之行"的一类动字,而不是视为"助动字"(同上:214)。把表意志的动词视为助动词较早始于章士钊先生。章氏(1907[1930:156—157])列举了以下几个助动词:欲、可、足、能、得、当、宜、必。其中,所举"欲"的例句为:"昔者郑武公欲伐胡。"(韩非子·说难)

动词的意义往往不止一项,要想把各个助动词的各项意义统一纳入一个系统,面临着下面的困难:分得太粗则不足以说明助动词各种用法以及助动词之间的区别,分得太细又会造成很多难于分别是此类还是彼类的例子。本文尝试着根据助动词所表示的情态意义,把助动词分为四类:认识、道义、条件、估价。下面讨论这四类助动词的区分。

一是认识类,表示说话者对事件或状态的真实性的推测。这类助动词有"可能、会、一定"等等,"可能、会"表可能,"一定"表必然。"这道理他应该懂"中的"应该"也是认识类助动词。"不可能不懂"即"一定懂",但"不该不懂"即"应该懂";从"可能"到"应该、该"再到"一定",肯定的语气逐步加强。这类处于可能性与必然性之间的"应该、该",我们称之为表盖然。

二是道义类,表示说话者认为施事者可以、应当或须要实施某种行为。这类助动词有"可、应该、须"等等。"可"表许可,"应该"表应当①,"须"表必要。"不可不去"即"须去",但"不应该不去"即"应该去";从"可"到"应该"再到"须",施事者做某事的必要程度逐步加强。道义类助动词有时是从情理而言的,比如表应当的"宜、当、应、合、该"等等;有时是从对话双方中说话者一方的指令而言的,比如助动词"许、准"②以及现代汉语的"不要",这时候,句子往往带有祈使语气。

以上两类的区分是比较清楚的。我们在实际考察的过程中,觉得还应该分出"条件类"。条件类助动词与上面两类存在着交叉,但仍然可以独立出来。

一方面,条件类助动词可以表示客观条件下的可能性,这与表可能

---

① 这里所说的"表应当",吕叔湘先生在《中国文法要略》中称之为"表示情理上的必要",仍归在"必要"类中,但同时吕先生又给这类意义取了一个专门的名称:表"当然"。与表应当(道义类)对应的表盖然(认识类)这类意义,吕先生归入表必然,但没有再给出一个专门的名称。(见吕叔湘 1942—1944[1990:253—254])

② "许""准"有助动词的用法,参见朱德熙(1982:64)。

的认识类助动词"可能、会"不同。王力先生在《汉语语法史》中谈到助动词"得"时说:"'得'字也是可能式助动词,它表示客观条件的可能。"①下例是王先生举的例子:

(1)君子之至于斯也,吾未尝不得见也。(论语·八佾)

这类"得"表示主语在某种客观条件下能够实施某种行为或达成某种状态,而认识类助动词"可能、会"表示主观推测的可能性,它们的意义有一定差别。

吕叔湘先生在《中国文法要略》中把"会"同副词"或许、或"等归入一类,称之为表"或然";吕先生并没有在"或然"一类中提到"得",而是把表可能的"得"和表许可的"得"放在一起专门讨论。② 可见,吕先生并不认为表可能的"得"就等同于表或然的"会"。

在汉语史的各个时期,义为"能够"、表客观条件可能的助动词都占有相当大的比重。比如在六朝,助动词"能、得、可、可以、肯、中、堪、任、好、办、容"都可以义为"能够",这个意义不同于"可能、会"。因此,把"客观条件的可能"(条件类)同"主观推测的可能"(认识类)区分开来,是很有必要的。③

另一方面,条件类助动词除可以表示客观条件下的可能性之外,还可以表示客观条件许可或必要。道义类助动词表示情理上的许可或必要,或者表示说话者的指令,条件类助动词与之不同。先说"客观条件必要"。比较下面的句子:

---

① 见王力(1990:341)。
② 见吕叔湘(1942—1944[1990:248—250])。
③ 以上谈的是"客观条件可能"。汉语中也有"客观条件必然"这类意义,但没有专门表示这类意义的助动词。这类意义可以用表示客观条件可能的助动词的双重否定形式来表示。例如:
　　人主不能不有游观安燕之时,则不得不有疾病物故之变焉。(荀子·君道,244)
上例中的"不能不""不得不"指不可避免会怎么样。由于没有专门表示"客观条件必然"这类意义的助动词,本文一般不涉及这类意义;本文谈到"表必然"时,一般指的是表主观推测的必然(属认识类)。

(2) 先生曰:"圣人便是一片赤骨立底天理,光明照耀,更无蔽障;颜子则是有一重皮了。……夫子与他说,只是要与它剥这一重皮子。它缘是这皮子薄,所以一说便晓,更不要再三。……"(朱子语类,2868)

(3) 胡问静坐用工之法。曰:"静坐只是恁静坐,不要闲勾当,不要闲思量,也无法。"(同上,2885)

(4) 生儿不用多,了事一个足。(王梵志诗卷六 306 首)

(5) 皇帝卷帘看季布,思量骂阵忽然嗔。遂令武士齐擒捉:"与朕煎熬不用存!"(变文·捉季布传文,98)

(6) 师有乐道歌曰:兀然无事无改换,无事何须论一段?真心无散乱,他事不须断。……(祖堂集卷三,懒瓒和尚)

(7) 王闻褒誉,尚未委其根由,更唤须达向前:"……佛是谁家种族?先代有没家门?学道谘禀何人?在身有何道德?不须隐匿,具实说看。忽(或)然分寸差殊,手下身当依法!"(变文·降魔变文,560)

例(2)(4)(6)中的"不要、不用、不须"表客观上不必要,其中的"要、用、须"是条件类助动词;例(3)(5)(7)中的"不要、不用、不须"表说话者的指令,其中的"要、用、须"是道义类助动词。《现代汉语八百词》将"甭"分为两个意思:一是表示劝阻、禁止,如"甭废话";二是表示不需要,如"人手已经够了,甭派人去了"。"甭"是助动词"用"的否定用法"不用"的合音,前一个意思属道义类,后一个意思属条件类。例(5)中的"不用",是道义类"甭"的来源;例(4)中的"不用",是条件类"甭"的来源。

"客观条件必要"这类意义,语法书称之为"事实上需要"①。现代

---

① 见丁声树等(1961:92)对助动词"要"的说明,又可参见朱德熙(1982:64)对助动词"要"的说明。

汉语有"需要、须要"两个词①,当人们说"需要怎么样"时,倾向于指客观上必要即"条件必要";当人们说"须要怎么样"时,则倾向于指情理上必要即"道义必要"。近代汉语的助动词"消"义为"需要",只表示客观条件必要。现代汉语的"不得不"是助动词"得"的双重否定形式,"不得不"表示"客观情况迫使这样做"(吕叔湘 1999:156),即表示客观条件必要。

表必要的助动词带祈使语气时,它只表"道义必要";如果不带祈使语气,"条件必要"与"道义必要"就有区分不开的情况。例如:

(8) 莫久住,速须回,千万今朝察我怀。(变文·维摩诘经讲经文五,890)

(9) 凡事,须子细体察,思量到人所思量不到处,防备到人所防备不到处,方得无事。(朱子语类,2642)

例(8)"须"有祈使语气,表"道义必要"。但例(9)"须"到底是"需要"还是"须要",很难区分;这样的例子,我们就只笼统称之为表必要,不再做细致区分。

以上谈的是"条件必要"这个意义,至于客观条件许可这个意思,在汉语中多用"可"来表示,例如:

(10) 暮际,大风浩雨,雷声电光不可视闻。(入唐求法巡礼行记卷二,165)

但是这个意义,同表客观条件可能的"能"只是叙述的角度不同:"能"是从施事的角度来说的,"可"后的动词有被动意义,"可"是从受事的角度来说的;就表可能而言,二者的意义差别不大。因此,我们把"条件许可"归入"条件可能"之中,不独立出来。本文一般不涉及"条件许可"这

---

① 这两个词的辨析见吕叔湘(1999:588)。

个意义,在谈到"表许可"时,一般指的是表"道义许可"。①

综上所述,本文所分出的条件类助动词包括两个意义:条件可能与条件必要。条件类助动词与认识类、道义类助动词的主要区别在于语义控制范围不同。"他能来、他能够来"等包含条件类助动词的句子不能变换为"他来是能的、他来是能够的";条件类助动词自身就是句子所表达的命题意义的一部分,它的语义控制范围只限于后面的宾语。但是"他可能来、他一定来"一类包含认识类助动词的句子可以变换为"他来是可能的、他来是一定的","他可以来、他应该来"一类包含道义类助动词的句子可以变换为"他来是可以的、他来是应该的";认识类和道义类助动词的语义控制范围是整个命题。(参见王伟 2000:243—244)

本文所分出的第四类助动词是估价类,估价类助动词表示对人或事物价值的估计,比如"值得、配"等(朱德熙 1982:65)。这类助动词内部没有"可能、必要"之类的区分。

Palmer(1990)把英语的情态助动词分为认识(epistemic)、道义(deontic)、动力(dynamic)三类。这与我们所分出的前三类大致相当。② "值得、配"这类意义在英语中没有相应的情态助动词,所以我们另分出估价类。

下表反映本文对于助动词的语义分类:

---

① 上文已指出,"条件必要"与"道义必要"有时难以区分;同样,"条件许可"与"道义许可"也有区分不开的情况。比如:

臣窃以为其人勇士,有智谋,宜可使。(史记·廉颇蔺相如列传,2440)

这类例子中的"可"到底表客观条件许可,还是表情理上许可(即"道义许可"),就很难分清。

② 本文与 Palmer 的分类的不同之处在于:Palmer 所说的动力情态不仅包括我们所说的条件类,还包括能力、意志。

| 类别＼语气 | 弱 | 中 | 强 |
|---|---|---|---|
| 认识类 | 可能 | 盖然 | 必然 |
| 道义类 | 许可 | 应当 | 必要 |
| 条件类 | 可能 | | 必要 |
| 估价类 | | | |

有的助动词只有一类意义。比如古汉语的"能"可作一般动词,表能力;它作助动词时,大多数情况下表示客观条件可能,属条件类助动词。现代汉语的助动词"能够"一般也只表示客观条件可能,而不表示"许可"(属道义类)或者"推测的可能"(属认识类);这一点,《现代汉语八百词》已指明。又如六朝较常见的助动词"中"也只表示客观条件可能,义为"能够、可以、适合",例如:

(11)但是生皮,无问年岁久远,不腐烂者,悉皆中煮。(齐民要术·煮胶,679)

大部分助动词的意义兼跨两类。比如助动词"得"既可以表示客观条件可能,属条件类;也可以表示许可,属道义类。各举一例如下:

(12)田、鲍、高、栾氏相与谋庆氏。庆舍发甲围庆封宫,四家徒共击破之。庆封还,不得入,奔鲁。(史记·齐太公世家,1503)

(13)及周成王少时,管蔡作乱,淮夷畔周,乃使召康公命太公曰:"东至海,西至河,南至穆陵,北至无棣,五侯九伯,实得征之。"齐由此得征伐,为大国。都营丘。(同上,1480)

又如助动词"足"以及唐五代常见的助动词"堪"都有客观条件可能、估价二义,前一义属条件类,后一义属估价类。例如:

(14)古者丈夫不耕,草木之实足食也;妇人不织,禽兽之皮足衣也。(韩非子·五蠹,443)

(15)竖牛因谓叔孙:"何不见壬于君乎?"叔孙曰:"孺子何足见也?"(韩非子·内储说上,219)

(16) 草中抬得身,扪摸觅途路。迷闷虽半醒,疼痛何申诉。徘徊自慰心,疲困谁相顾。便是盲乞人,无物堪防护。(变文·双恩记,939)

(17) 有相幡花何足说,无为功德始堪论。(变文·维摩诘经讲经文四,867)

例(14)中的"足"义为"足够",表客观条件可能;例(15)中的"足"义为"配",表估价。例(16)中的"堪"义为"能够",表客观条件可能;例(17)中的"堪"义为"值得",表估价。

又如助动词"该、应、合、当、宜"在古汉语中既可以表盖然,属认识类助动词;也可以表应当,属道义类助动词。这里举"合"的例子:

(18) 只日中做底事,亦不合形于梦。(朱子语类,2768)

(19) 据某看来,合分作六项,人管一事。(同上,2665)

例(18)中的"合"表盖然,例(19)中的"合"表应当。

极少数助动词有三类意义,如"可"可以表客观条件可能、许可、估价,分别属于条件类、道义类、估价类。各举一例如下:

(20) 先生云:"当今要复太祖兵法,方可复中原。"(朱子语类,2706)

(21) 小者固不可不理会,然大者尤紧要。(同上,2935)

(22) 凡看文字,诸家说异同处最可观。(同上,2615)

例(20)"可"表示客观条件可能,例(21)"可"表许可,例(22)"可"义为"值得",表估价。

以上部分,我们界定了助动词的范围、确定了助动词的类别。以下部分,我们将依次考察汉语史八个时期助动词的语义系统,它们是:殷墟甲骨文及西周金文、春秋战国时期、两汉时期、魏晋南北朝时期、唐五代时期、宋代、元明时期、清代。最后一章是全文的总结。

# 2. 殷墟甲骨文及西周金文的助动词

## 2.1 殷墟甲骨文的助动词

殷墟甲骨刻辞中,基本能确定是助动词的有"克、肩"两个词。

### 2.1.1 克

我们依据姚孝遂(1989:277—278)所列的 84 例含"克"的甲骨刻辞作为考察对象。在这 84 例之中,没有发现能够确定是带体词宾语的例子。

"克 VP"结构中的"克"到底是表能力还是表条件可能,较难确定。例如:

(1)丁亥卜,在𦣞師贞:韦自𡨄妹[其]又(有)宦,王其令宦,不毎(悔),克出王令。(36909)①

(2)癸卯卜:其克戈周。(20508)

(3)癸亥卜,永贞:单克以多伯。(英 199 正)

(4)壬子卜贞:亚克興有疾。

弗其克。(13754)

(5)贞:其克呼。(16247)["4527 正"同]

(6)雀克入𠂤邑。

---

① 这条卜辞的释文引自李宗焜(1995:1136)。括号内只写明片号的例子,都出自《甲骨文合集》。

雀弗其克入。(7076 正)

前5例"克"表能力的成分大一些:"出王令"义为行王令[①];"戋周"义为战胜周;"以多伯"义为带领多伯;"克兴有疾"中的"兴"义为"同","克兴有疾"义为能分担王疾(见裘锡圭2000:7);"呼"义为"召令、呼号"。例(6)"克"似表条件可能,义为"能够"。

《说文解字》克部:"克,肩也。""克"之字义,林义光《文源》谓像以肩任物形(周法高1974:4458),李孝定(1970:2344)说:"此字当以肩也为本谊,引申之遂有任也、胜也、能也诸义。"姚孝遂也说:"克之本义为肩任,引申为能、为成、为堪、为胜。"(于省吾1996:730)

### 2.1.2 肩

裘锡圭(2000)指出:殷墟甲骨文的宾组和??组卜辞里屡见的"勻凡有疾"应释为"肩同有疾","肩"应训为"克","肩同有疾"就是能分担王疾的意思;裘先生还指出:卜辞中的"肩出朕事、肩御、肩出、肩往、肩来归、肩告"等语中的"肩",也都可以训为"克"。从"肩"所带的VP来看,"肩同有疾、肩出朕事、肩御、肩告"中的"肩"似是表能力的动词,"肩出、肩往、肩来归"中的"肩"似是表条件可能的助动词。这里转引张玉金(1994:255—256)所举的两例:

(7)己巳卜:肩入。

不肩入。(22259)

(8)辛酉卜:妙肩出。(22322)

"克、肩"都是由肩任义引申为表能力,再发展为表示客观条件下的可能性。

---

① 参见于省吾(1979:69—70)。

## 2.2 西周金文的助动词

马承源先生主编的《商、西周青铜器铭文释文及注释》选有西周铜器 512 件,本文以此来考察西周金文的助动词及带有情态意义的语气副词。

### 2.2.1 克

出现 35 次,有以下几个意思:

a.表示战胜(8 例)[①],其后接 NP,例如:

(1)隹珷王既克大邑商,则廷告于天。(何尊,20)

(2)卑(俾)克氒嚳(敌)。(threshold簋,115)

下例的意思稍有引申:

(3)今弗克氒罚。(师旂鼎,60)[今不责其罚。]

b.表示能力(22 例):

(4)大保克芍(敬)亡䌛(遣)。(大保簋,24)

(5)穆穆克盟氒心。(师望鼎,146)

(6)克夹召先王,奠四方。(禹鼎,282)

(7)余考不克御事。(叔趯父卣,61)[我年老不能治事。]

这类"克"常接"敬、盟、明、勉"等一类与心理有关的动词。

c.表示条件可能(5 例):

(8)文王孙亡弗褢(怀)井(型),亡克竞(竞)氒剌(烈)。(班簋,

---

[①] 以下 4 例"克"出自《沈子也簋盖》:
　　念自先王先公廼妹克衣(殷),告刺(烈)成工(功)。
　　吾考克渊克尸(夷)。
　　乃沈子妹克蔑,见厌于公。
这 4 例"克"都依据郭沫若(1931[1999:46—47])理解为战胜。马承源(1988:57)的断句和理解与此有别。

108)［……没有谁能和他比较功业高低。］

(9)唯孚车不克以,卒焚。(多友鼎,283)［所孚戎车不能带走,……］

(10)王曰:"令眔奋,乃克至,余其舍女臣十家。"(令鼎,70)［……如果你们能够作为前驱到达目的地,……］

前二义为一般动词的用法,后一义为助动词用法。

### 2.2.2 能

出现 6 次,有 2 次用为动词①:

(11)女受我田牧,弗能许酙从。(酙从鼎,296)［……不能许诺与??从之约。］

(12)我不能不眔县白(伯)万年保。(县改簋,123)［我不能不和县伯万年保用。］

前一例"能"似表能力,后一例"能"似是从情理而言的,表许可。

### 2.2.3 可

"可"字出现 3 次,能肯定为助动词的只有 1 例:

(13)师嫠,才昔先王小学,女敏可事(使),……(师嫠簋,265)

此例"可"表条件可能(实表条件许可)。

《??匜》"弋可""乃可湛"中的"可",马承源(1988:184)都读为"苛",裘锡圭(1992:129)说"弋可"之"可"的确切含义尚待研究。

### 2.2.4 义(宜)

"义"出现 7 次,用为助动词的有 4 例:

---

① 其余 4 次用为形容词:"多公能福"(沈子也簋盖,57)、"柔远能迩"(大克鼎,216;番生簋盖,225)、"康能四国"(毛公鼎,316)。义犹安也、顺也。说见王引之《经义述闻》卷三"柔远能迩"条。

(14) 懋父令曰:"义敫(播)廐卒不从卒右征。……"(师旂鼎,60)

(15) 我义便(鞭)女千。(儵匜,184)[同篇铭文还有一次"义便(鞭)女千"。]

(16) 卒名(铭)义曰,子子孙孙宝。(作册嗌卣,95)

这四例"义"表应当。

西周金文中"宜"字用为祭名、国名,还有酒肴的意思,但不用为助动词。

## 2.3 殷墟甲骨文及西周金文中带有情态意义的语气副词

从上面的分析可以看出,在殷墟甲骨文及西周金文中,助动词系统很不完善。这一时期,情态意义主要是由语气副词承担的。

甲骨文中,表达情态意义的语气副词主要是"其"。张玉金(1994:140—175)对"其"的用法有详细的分析。"其"可以表示对可能性的推测,理解为"会";也可以表应当、必要,理解为"宜、要"。西周金文中,语气副词"其"可表祈使,①例如:

(1) 女(汝)其舍叕矢五秉。(智鼎,169)[你要给叕五束矢。]

(2) 唯女(汝)燓棋(其)敬辥(乂)乃身。(叔趯父卣,61)[你要谨慎地修习自身。]

甲骨文的否定副词"勿、弜、毋"都可义为"不要"。关于"勿、弜"的

---

① 西周金文中的"其"还可表示说话者的祈愿或说话者将要进行的行为,这二义与本文所讨论的情态义无关。例如:

酉其万年子子孙孙永宝用。(师酉簋,126)

隹斌王既克大邑商,则廷告于天,曰:"余其宅兹中或(国),自之辥(乂)民。……"(何尊,20)

讨论,参见裘锡圭(1994a);关于"毋",参见裘锡圭(1994b:199—200)。

西周金文中"毋、勿"表禁止,例如:

(3)女毋敢妄(荒)宁。(毛公鼎,316)

(4)勿遗寿幼。(禹鼎,282)

西周金文中,"毋"后还可接否定词,构成双重否定。双重否定形式多为"毋敢不"(8例),间或出现"毋有不"(1例)、"毋有弗"(1例)、"毋敢有不"(1例),例如:

(5)雩乃讯庶右粦,毋敢不明不中不井(型)。(牧簋,187)

(6)毋又(有)不闻智。(逑钟,198)

(7)肄毋又(有)弗騰。(毛公方鼎,253)

(8)司王家外内,毋敢又(有)不闻。(蔡簋,263)

在中期才开始出现两个否定副词直接连用的例子:

(9)女毋弗善效姜氏人。(蔡簋,263)[中期夷王时器]

(10)女毋弗帅用先王乍明井(型)。(毛公鼎,317)[晚期宣王时器]

(11)其贾,毋敢不即𩛠(次)即市。……其隹我者(诸)侯百生(姓),氒贾毋不即市。(兮甲盘,305)[同上]

在例(11)中,前用"毋敢不",后用"毋不"。

双重否定则为肯定,"毋敢不、毋有不、毋弗、毋不"等表示命令,义同于"必须"。"勿"没有这种双重否定形式。

## 2.4 小结

殷墟甲骨文及西周金文时期,助动词系统很不发达,情态意义主要由语气副词承担。

殷墟甲骨文中,基本能确定为助动词的只有"克、肩"两个词,表客观条件下的可能性。西周金文中,新出现了"能、可、宜"三个助动词,但用例都很少。

# 3. 春秋战国时期的助动词系统(上)

所考察的这一时期的文献有:《今文尚书》《诗经》《论语》《左传》《庄子》《孟子》《荀子》《韩非子》《吕氏春秋》(省称为《吕》)。

## 3.1 克

据刘利(2000:123),助动词"克"在战国中期已被助动词"能"取代,《墨子》《孟子》已没有助动词"克"的用例。据我们的调查,《论语》中也没有助动词"克"的用例。在《诗经》中,《国风》未出现"克 VP","克 VP"《小雅》有 4 例,《大雅》有 17 例,《颂》有 8 例;《颂》未出现"能 VP","能 VP"《国风》有 15 例,《小雅》有 6 例,《大雅》有 4 例。

"克 NP"中的"克"多表战胜,例不烦举。"克 VP"可分为两种情况:

一、表能力,不是助动词。可表品行、心理素质,这在《今文尚书》《诗经》中多见。例如:

(1)尔克敬,天惟畀矜尔;尔不克敬,尔不啻不有尔土,予亦致天之罚于尔躬!(书·多士)

(2)曰若稽古,帝尧曰放勋,钦明文思安安,允恭克让,光被四表,格于上下。(书·尧典)

(3)明明鲁侯,克明其德。既作泮宫,淮夷攸服。(鲁颂·泮水)

(4)闵予小子,遭家不造,嬛嬛在疚。於乎皇考,永世克孝。

(周颂·闵予小子)

也可表才能、学识等。例如：

(5)王曰："尔惟旧人，尔丕克远省，尔知宁王若勤哉！……"(书·大诰)

(6)亦越文王、武王，克知三有宅心，灼见三有俊心，以敬事上帝，立民长伯。(书·立政)

(7)於皇武王，无竞维烈。允文文王，克开厥后。(周颂·武)〔郑笺：……能开其子孙之基绪。〕

(8)诞实匍匐，克岐克嶷，以就口食。(大雅·生民)〔毛传：岐，知意也。嶷，识也。〕

二、表条件可能，是助动词。其后多带非自主动词①。例如：

(9)自时厥后，立王生则逸，生则逸，不知稼穑之艰难，不闻小人之劳，惟耽乐之从。自时厥后，亦罔或克寿。(书·无逸)

(10)天命不易，天难谌，乃其坠命，弗克经历。(书·君奭)〔伪孔传：天命不易，天难信。无德者乃其坠失王命，不能经久历远。〕

(11)靡不有初，鲜克有终。(大雅·荡)

(12)鱼在于沼，亦匪克乐。潜虽伏矣，亦孔之炤。(小雅·正月)

## 3.2 能

### 3.2.1 名词、形容词"能"

各举一例如下：

---

① 关于自主动词与非自主动词，参看马庆株(1988)。

(1)锡尔纯嘏,子孙其湛。其湛曰乐,各奏尔能。(小雅·宾之初筵)

(2)如恶之,莫如贵德而尊士,贤者在位,能者在职。(孟子·公孙丑上)

### 3.2.2 一般动词"能"

一般动词"能"表内在能力。这个意思,根据上下文又可细分为五类:一是表技能。王力(1990:347)说:"'会'字用作助动词,表示学习得来的能力。上古时代还没有这种'会'字,只用'能'字来表示。"例如:

(3)今吾子爱人则以政,犹未能操刀而使割也,其伤实多。(左传·襄31年,1192)

(4)其一雁能鸣,一雁不能鸣,请奚杀?(吕·必己)

(5)哀哉不能言,匪舌是出,维躬是瘁。哿矣能言,巧言如流,俾躬处休。(小雅·雨无正)

(6)元年春,王使内史叔服来会葬。公孙敖闻其能相人也,见其二子焉。(左传·文1年,510)

前两例"能"表示懂得怎样做,后两例表示擅长。

二是表体能。例如:

(7)荦有力焉,能投盖于稷门。(左传·庄32年,253)

(8)今汝拔剑则不能举臂,上车则不能登轼,汝恶能?(吕·忠廉)

三是表才能、学识等。例如:

(9)周子有兄而无慧,不能辨菽麦,故不可立。(左传·成18年,907)

(10)刿曰:"肉食者鄙,未能远谋。"(左传·庄10年,182)

(11)鲁鄙人遗宋元王闭,元王号令于国,有巧者皆来解闭。人莫之能解。(吕·君守)

四是表品行、心理素质。例如:

(12)知伯曰:"恶而无勇,何以为子?"对曰:"以能忍耻,庶无害赵宗乎!"(左传·哀27年,1736)

(13)若能孝敬,富倍季氏可也。(左传·襄23年,1079)

(14)故新浴者振其衣,新沐者弹其冠,人之情也。其谁能以己之潐潐,受人之掝掝者哉!(荀子·不苟,45)

(15)齐桓公之见小臣稷,魏文侯之见田子方也,皆可谓能礼士矣。(吕·谨听)

五是表性能。例如:

(16)臣患智之如目也,能见百步之外,而不能自见其睫。(韩非子·喻老,169)

(17)人之所乘船者,为其能浮而不能沈也。世之所以贤君子者,为其能行义而不能行邪辟也。(吕·壹行)

与前四类不同的是,第五类"能"表示无生命物的内在属性。

一般动词"能"可同主语单独成句。例如:

(18)对曰:"……臣问其诗而不知也。若问远焉,其焉能知之?"王曰:"子能乎?"(左传·昭12年,1341)

(19)孔子谓弟子曰:"孰能导子西之钓名也?"子贡曰:"赐也能。"(韩非子·说林下,191)

再看一例:

(20)吴王欲杀王子庆忌而莫之能杀,吴王患之。要离曰:"臣能之。"吴王曰:"汝恶能乎?吾尝以六马逐之江上矣,而不能及;射之矢,左右满把,而不能中。今汝拔剑则不能举臂,上车则不能登轼,汝恶能?"(吕·忠廉)

"臣能之"中的"能"无疑是一般动词,宾语 NP"之"指代 VP"杀王子庆忌",这说明"能[能力]VP"与"能 NP"同构,都是述宾结构。"汝恶能"既可理解为省略了 NP"之",也可理解为省略了 VP"杀王子庆忌"。

### 3.2.3 条件类助动词"能"

"能"所在小句之前如果有原因、假设或条件等从句,则"能"多表条件可能。例如:

(21)君有君之威仪,其臣畏而爱之,则而象之,故能有其国家,令闻长世。(左传·襄 31 年,1194)

(22)若以水济水,谁能食之?若琴瑟之专壹,谁能听之?同之不可也如是。(左传·昭 20 年,1420)

(23)臣闻之,袭国邑,以车不过百里,以人不过三十里,皆以其气之趫与力之盛至,是以犯敌能灭,去之能速。(吕·悔过)

单就"能"所在的小句而言,"能"是一般动词还是助动词,与句子主语、宾语两方面都有关系。一方面,如果句子主语为无生命物,则"能"多表可能而非能力。比较下面几例:

(24)孟縶之足不良能行。(左传·昭 7 年,1298)

(25)故知知一,则复归于朴,嗜欲易足,取养节薄,不可得也;离世自乐,中情洁白,不可量也;威不能惧,严不能恐,不可服也。(吕·论人)

(26)达士者,达乎死生之分。达乎死生之分,则利害存亡弗能惑矣。(吕·知分)

(27)权钧则不能相使,势等则不能相并,治乱齐则不能相正。故小大、轻重、少多、治乱,不可不察,此祸福之门也。(吕·慎势)

例(24)的"能"的主语已非有生命物,但仍可视为表能力;例(25)(26)主语很抽象,"能"已不能再表能力;末一例"能"无主语,只能视为表可能。

主语的抽象化是“能”由表能力向表可能转化的重要原因。

另一方面，如果“能”的宾语为非自主动词或形容词，则“能”多表可能。例如：

(28)国不忌君，君不顾亲，能无卑乎？(左传·昭11年，1327)

(29)无礼而好陵人，怙富而卑其上，弗能久矣。(左传·昭1年，1221)

(30)于是昭公十九年矣，犹有童心，君子是以知其不能终也。(左传·襄31年，1186)

(31)若能休和，远人将至，何恃于郑？(左传·襄9年，969)

### 3.2.4 助动词“能”的双重否定

据刘利(2000:120)，“能”的双重否定不见于《尚书》《诗经》《论语》《左传》《庄子》《孟子》，《墨子》有1例“不能毋”，《荀子》有4例“不能不”、1例“不能无”，《韩非子》有1例“不能勿”。此外，我们在《荀子》中还发现2例“不能无(VP)”，在《韩非子》中发现1例“不能无(VP)”，在《吕氏春秋》中发现2例“不能勿”。这12例双重否定中的“能”都表条件可能，双重否定根据语义又可细分为两类：

一是义为“免不了”，义近于“不可能不、一定”，表客观条件下的必然性。其后多带非自主动词，有时也带自主动词。例如：

(32)人主不能不有游观安燕之时，则不得不有疾病物故之变焉。(荀子·君道，244)

(33)人生而有欲，欲而不得，则不能无求；求而无度量分界，则不能不争；争则乱，乱则穷。(荀子·礼论，346)

(34)惠子曰：“瞽两目眣，君奚为不杀？”君曰：“不能勿眣。”(韩非子·说林上，177)

二是义为“只能、必须”，表客观条件下的必要性。其后只带自主动词。例如：

(35) 有能比知同力,率群臣百吏而相与强君挢君,君虽不安,不能不听,遂以解国之大患,除国之大害,成于尊君安国,谓之辅。(荀子·臣道,250)

(36) 若苟王公大人本失尚贤为政之本也,则不能毋举物示之乎。(墨子·尚贤下,96)

(37) 伊尹为宰,百里奚为虏,皆所以干其上也。此二人者,皆圣人也,然犹不能无役身以进,如此其汙也。(韩非子·说难,92)

## 3.3 得

《今文尚书》《诗经》中都没有"得 VP","得 VP"较早见于《论语》《左传》。

### 3.3.1 条件类助动词"得"

王力(1980:302)认为"V 得[可能]"中的"得"是由"获得"义转化为"达成"义、再由"达成"义进一步虚化而来的。太田辰夫(1958[1987:217])持同样的观点,认为这种"得"由"获得→实现"发展而来。我们认为表条件可能的助动词"得"的虚化也经历了类似的过程。下面予以说明。

先秦汉语中,"得 VP"中的"得"大致有以下几种情况①:

一、当"得 VP"中的 VP 是已经完成的动作时,"得"义为"得以",表达成。例如:

(1) 救人之患者,行危苦,不避烦辱,犹不能免;今祈奚论先王之德,而叔向得免焉。(吕·开春)

---

① 有的"得"后的动词指称化了,"得"仍义为"获得",这种情况我们不再视为"得 VP"。例如:

秋,狐突适下国,遇大子。大子使登,仆,而告之曰:"夷吾无礼,余得请于帝矣,将以晋畀秦,秦将祀余。"(左传·僖 10 年,334)[杨伯峻先生注:得请,得我之所请。]

故敌得生于我,则我得死于敌;敌得死于我,则我得生于敌。(吕·爱士)

(2)意闻好直之士,家不处乱国,身不见污君。身今得见王,而家宅乎齐,意恶能直?(吕·贵直)

下面两例"得VP"前有副词"既、尝"标明VP是已完成的动作:

(3)咸丘蒙曰:"舜之不臣尧,则吾既得闻命矣。……"(孟子·万章上)

(4)文信侯曰:尝得学黄帝之所以诲颛顼矣。(吕·序意)

二、当"得VP"中的VP是未完成的动作时,"得"义为"能够",表可能。例如:

(5)朔于敝邑,亚大夫也;其官,马师也,获戾而逃,唯执政所寘之。得免其死,为惠大矣,又敢求位?(左传·昭7年,1293)

(6)子产相郑伯以如晋,叔向问郑国之政焉。对曰:"吾得见与否,在此岁也。……"(左传·襄30年,1170)

三、以上两种情况是就肯定陈述句中的"得"而言的。当"得"前有否定词"未、不、弗、莫、无"等修饰时,"得"表可能而不表达成。例如:

(7)昭釐侯曰:"善。教寡人者众矣,未尝得闻此言也。"(吕·审为)

(8)叔孙请见子家子。子家子辞,曰:"羁未得见,而从君以出。君不命而薨,羁不敢见。"(左传·定1年,1525)

(9)昔者大王居邠,狄人侵之。事之以皮币,不得免焉;事之以犬马,不得免焉;事之以珠玉,不得免焉。(孟子·梁惠王下)

(10)及入,求见。公辞焉以沐。谓仆人曰:"沐则心覆,心覆则图反,宜吾不得见也。……"(左传·僖24年,416)

(11)齐桓公见小臣稷,一日三至弗得见。(吕·下贤)

反问实表否定,反问句中的"得"亦表可能。例如:

(12)若能少此,吾何以得见?(左传·昭1年,1214)

(13)绝民之主,去身之偏,艾王之体,以祸其国,无不祥大焉。

何以得免?(左传·襄30年,1178)

(14)多患多怨,国虽强大,恶得不惧?恶得不恐?(吕·慎大)

### 3.3.2 道义类助动词"得"

表许可的助动词"得"在《论语》《左传》《孟子》《吕氏春秋》中的分布如下表：

| 论语 | 左传 | | 孟子 | | 吕氏春秋 | 总计 |
|---|---|---|---|---|---|---|
| 反问句 | 反问句 | 否定句 | 反问句 | 否定句 | 否定句 | |
| 5 | 9 | 1 | 9 | 2 | 13 | 39 |

由上表可知,表许可的"得"在这一时期出现较少,且只以否定义出现（反问实表否定）。例如：

(15)或曰:"管仲俭乎?"曰:"管氏有三归,官事不摄,焉得俭?"（论语·八佾）

(16)曰"同恤王室",子焉得辟之?（左传·昭25年,1459）

(17)且人有君而弑之,吾焉得死之?而焉得亡之?（左传·襄25年,1098）

(18)殖之有罪,何辱命焉?若免于罪,犹有先人之敝庐在,下妾不得与郊吊。（左传·襄23年,1084）

(19)天下有达尊三:爵一,齿一,德一。朝廷莫如爵,乡党莫如齿,辅世长民莫如德。恶得有其一以慢其二哉?（孟子·公孙丑下）

(20)沈同以其私问曰:"燕可伐与?"孟子曰:"可。子哙不得与人燕,子之不得受燕于子哙。……"（同上）

(21)有金鼓,所以一耳;必同法令,所以一心也;智者不得巧,愚者不得拙,所以一众也;勇者不得先,惧者不得后,所以一力

也。(吕·不二)

(22)省妇事,毋得淫,虽有贵戚近习,无有不禁。(吕·仲冬)

(23)齐桓公与管仲谋伐莒,谋未发而闻于国,桓公怪之,……桓公曰:"譆!日之役者,有执蹠癈而上视者,意者其是邪!"乃令复役,无得相代。(吕·重言)

最后三例中的"不得""毋得""无得"表禁令,义为"不准、不许"。这种"得"在《论语》《左传》《孟子》中未出现,较早见于《荀子》:

(24)刑余罪人之丧不得合族党,独属妻子,棺椁三寸,衣衾三领,不得饰棺,不得昼行,……(荀子·礼论,361)[转引自刘利 2000:168]

### 3.3.3 助动词"得"的双重否定

《论语》《左传》《孟子》未出现助动词"得"的双重否定。《荀子》有 1 例"不得不"。① 《韩非子》有 8 例"不得不"②,2 例"不得无 VP",2 例"无得不"。《吕氏春秋》有 2 例"弗得不",3 例"不得不"。这 18 例双重否定中的"得"都表条件可能,双重否定根据语义又可细分为两类:

一是义为"免不了",义近于"不可能不、一定",表客观条件必然。例如:

---

① 《荀子》中有 7 例"不得不"实为"不得(NP)不","得"后省略了 NP。这 7 例为:
　　故曰:君子以德,小人以力。力者,德之役也。百姓之力,待之而后功;百姓之群,待之而后和;百姓之财,待之而后聚;百姓之埶,待之而后安;百姓之寿,待之而后长。父子不得不亲,兄弟不得不顺,男女不得不欢,少者以长,老者以养。(富国,182)
　　君臣不得不尊,父子不得不亲,兄弟不得不顺,夫妇不得不欢。少者以长,老者以养。(大略,494)
② 下例"不得不"不是双重否定:
　　明主者,鉴于外也,而外事不得不成,故苏代非齐王。(韩非子·外储说右下,331)
此例应分析为"(外事不得)不成"。

(25) 人主不能不有游观安燕之时,则不得不有疾病物故之变焉。(荀子·君道,244)

(26) 天固有衰嗛废伏,有盛盈蚠息;人亦有困穷屈匮,有充实达遂。此皆天之容物理也,而不得不然之数也。(吕·知分)

二是义为"只能、必须",表客观条件必要。例如:

(27) 狱讼繁则田荒,田荒则府仓虚,府仓虚则国贫,国贫而民俗淫侈,民俗淫侈则衣食之业绝,衣食之业绝则民不得无饰巧诈,饰巧诈则知采文,知采文之谓服文采。(韩非子·解老,153)

(28) 人臣之于其君,非有骨肉之亲也,缚于势而不得不事也。(韩非子·备内,115)

(29) 释父兄与子弟,非疏之也;任庖人钓者与仇人仆虏,非阿之也。持社稷立功名之道,不得不然也。(吕·知度)

## 3.4 足

《今文尚书》未出现"足",《诗经》中出现了义为"充足"的形容词"足":

(1) 降尔遐福,维日不足。(小雅·天保)

助动词"足"较早见于《论语》(如例 8)。助动词"足"从形容词发展而来,下例可看得比较清楚:

(2) 为肥甘不足于口与?轻暖不足于体与?抑为采色不足视于目与?声音不足听于耳与?便嬖不足使令于前与?(孟子·梁惠王上)

又如:

(3) 冉求曰:"非不说子之道,力不足也。"(论语·雍也)

(4) 吾力足以举百钧,而不足以举一羽;明足以察秋毫之末,而

不见舆薪。(孟子·梁惠王上)

形容词"足"带上 VP,就产生出助动词的用法。

助动词"足"的语义可分为两类。一是义为"足够",表可能,属条件类,主语为受事①。例如:

(5)战而不捷,参之肉其足食乎?(左传·宣12年,729)

(6)孟子曰:"子之道,貉道也。万室之国,一人陶,则可乎?"曰:"不可,器不足用也。"(孟子·告子下)

(7)古者丈夫不耕,草木之实足食也;妇人不织,禽兽之皮足衣也。(韩非子·五蠹,443)

二是义为"值得、配",属估价类,主语亦为受事。例如:

(8)如有周公之才之美,使骄且吝,其余不足观也已。(论语·泰伯)

(9)不腆敝器,不足辞也。(左传·文12年,588)

(10)子教子路菹此患,上无以为身,下无以为人,子之道岂足贵邪?(庄子·盗跖,430)

(11)齐桓公……九合诸侯,一匡天下,为五伯长,是亦无它故焉,知一政于管仲也,是君人者之要守也。知者易为之兴力而功名綦大,舍是而孰足为也?(荀子·王霸,222)

(12)所谓贤人者,行中规绳而不伤于本,言足法于天下而不伤于身,富有天下而无怨财,布施天下而不病贫,如此,则可谓贤人矣。(荀子·哀公,540)

(13)此之谓足贵之臣。(韩非子·奸劫弑臣,105)

这几例义为"值得",主语多指事物,这种意义多出现于否定句(如前两例)与反问句(如例10、11),偶尔出现于肯定句(如末两例)。

---

① 这里所说的"主语为受事",确切地说,是"主语为助动词后的主要动词的受事"。本文提到助动词的主语的语义格时,都是就主要动词来说的,以下将不再一一注明。

当受事主语指人时,"足"义为"配",例如:

(14) 彼以让饰争,依乎仁而蹈利者也,小人之杰也,彼固曷足称乎大君子之门哉!(荀子·仲尼,108)

(15) 竖牛因谓叔孙:"何不见壬于君乎?"叔孙曰:"孺子何足见也?"(韩非子·内储说上,219)

第一义"足够"贴近"足"的本义,第二义"值得、配"也含有够不够的意思,只不过这种"够不够"是对"价值"而言,而非对"量"而言。第二义是从第一义转化而来的。

在《论语》《左传》《庄子》《孟子》《荀子》《韩非子》《吕氏春秋》七部文献中,有3例"足"的主语似是施事:

(16) 逢衣浅带,解果其冠,略法先王而足乱世术,缪学杂举,不知法后王而一制度,不知隆礼义而杀《诗》《书》。(荀子·儒效,138)

(17) 故人知谨注错,慎习俗,大积靡,则为君子矣;纵性情而不足问学,则为小人矣。(同上,144)

(18) 意之所随者,不可以言传也,而世因贵言传书。世虽贵之,我犹不足贵也,为其贵非其贵也。(庄子·天道,217)

第一例义为:粗略地效法先王,却适足以之扰乱当世之制度。这例"足"一般应说成"足以"。第二例"足"似义为"重视",与助动词义无关。第三例似义为"我犹以之为不足贵","足"义为"值得"。这三例都不能说明助动词"足"的主语可以是施事。

"足"的主语为受事,则其后的 VP 有被动义。马建忠(1898[1983:164])云:"足"后动字,概有受动之意。如果排除"足以、足与"等固定组合,且不论与"足以"混同的"足"(如例16,更多的例子见3.5.3节),这个结论是可以成立的。

## 3.5 足以

### 3.5.1 "足以"的凝固过程

一般认为先秦有两个"足以":一个是复音词,一个是省略了介词宾语的"足以[ ]"。

如果真是省略了介词宾语,则理应有未省略的例子,即应有"足以NPVP",且数量不应太少。但是,在《论语》《左传》《庄子》《孟子》《荀子》《韩非子》《吕氏春秋》中,"足以"共出现 369 例,只出现 1 例"足以NPVP"[①]。马建忠(1898[1983:187])说:"'足'字后'以'字司词,皆不明书。"他的观察是对的。据此,我们认为这种"省略"是不存在的。王力(1980:458)说:"最常见的宾语的省略是在介词'以'字和'为'字的后面。其所省略的应该认为是代词'之'字或'此'字。但是,这里所谓'省略'就仅仅是为分析的便利而说的;实际上有许多地方根本不能补出这个代词宾语来。"如果说"足以"后有"省略",那么,这种提法仅仅是为了"分析的便利",而并非是句法上省略了什么成分。

既然不存在"足以[ ]",则"足以"中的介词"以"的语法作用就不是引进介词宾语;这种"以"相当于一个标记,它标示着"足以"前的主语是其后 VP 所表示的动作的工具、方式、凭借、原因等等。[②]

---

[①] 这一例是:
  若夫贯日而治详,一日而曲列之,是所使夫百吏官人为也,不足以是伤游玩安燕之乐。(荀子·王霸,212)

[②] "足以"是否存在省略的问题,可与"能以、得以"相比较。白晓红(1997:226)说:"助动词'能''得''敢'在先秦也有与'以'连用的情况,但跟'可''足'明显不同。……'能'等词后面的'以'大多是带宾语的。"在先秦时期,只有极少数"能以、得以"可看作凝固结构。例如:
  凡养也者,瞻非适而以之适者也。能以久处其适,则生长矣。(吕·侈乐)
  尝试使臣,彼之善者我能以为卿相,彼不善者我得以斩其首,何故而不治!(韩非子·内储说上,225)

"足以"出现的句式大致可分为以下几类：

A. NP(非施事)＋足以＋VP。例如：

(1) 臧僖伯谏曰："凡物不足以讲大事，其材不足以备器用，则君不举焉。……"（左传·隐5年，41）

(2) 故圣人衣足以犯寒，食足以充虚，则不忧矣。（韩非子·解老，146）

(3) 国虽小，其食足以食天下之贤者，其车足以乘天下之贤者，其财足以礼天下之贤者。（吕·报更）

从这类"足以"句可以明显看出："以"的宾语实际已提取到"足"字之前了，并无省略问题。这类句子，在分析时都可在"足以"后添补"之"（但这并不是说省略了"之"，因为"之"在上文并未出现）。这类"足以 VP"应分析为"足（以 VP）"。

B. $VP_1$＋足以＋$VP_2$。例如：

(4) 故推恩足以保四海，不推恩无以保妻子。（孟子·梁惠王上）

(5) 许由让天下，赏不足以劝；盗跖犯刑赴难，罚不足以禁。（韩非子·忠孝，468）

这两例类似 A 式，"足以"前的 VP 很简单。

(6) 恤大舍小，足以为盟主，又焉用之？（左传·昭1年，1207）

(7) 虽然，夫释贤而专任势，足以为治乎？（韩非子·难势，389）

(8) 故举天下之大道，立天下之大功，然后隐其所怜所爱，其下犹足以为天下之显诸侯。（荀子·君道，243）

(9) 故非有一人之道也，直将巧繁拜请而畏事之，则不足以持国安身，故明君不道也。（荀子·富国，200）

这几例"足以"前的 VP 变得复杂。例(6)(7)可有两种分析：一是认为

"$VP_1$"是一个"指称",作"足以 $VP_2$"的主语,如此则同于 A 式;二是认为"$VP_1$"仍是"陈述",与"足以 $VP_2$"一样,自成一个小句,二者的主语同为一个泛指的施事。"$VP_1$"越复杂,第二种分析就越适合。例(6)(7)似还可以在"足以"后添补"之",因此还可分析为"足(以 $VP_2$)"。但对例(8)(9),再在"足以"之后添补"之"已经比较勉强,例(9)中的连词"则"已说明该句是复句。这时"足以 $VP_2$"已倾向于分析为"(足以)$VP_2$",即介词"以"已开始与"足"凝固在一起。凝固后的"足以"表示施事主语能够做什么。

C.NP(施事)＋$VP_1$＋足以＋$VP_2$。一旦 $VP_1$ 前出现了施事,再在"足以"之后添补"之"已非常勉强;这时"足以 $VP_2$"宜分析为"(足以)$VP_2$"。例如:

(10)若吾以韩起为阍,以羊舌肸为司宫,足以辱晋,吾亦得志矣。(左传·昭 5 年,1267)

(11)不肖者炀主,不足以害明;今不加知而使贤者炀己,则必危矣。(韩非子·难四,386)

D.NP(施事)＋足以＋VP。例如:

(12)子产曰:"虽可,吾不足以定迁矣。"(左传·昭 18 年,1395)

(13)且浑沌氏之术,予与汝何足以识之哉?(庄子·天地,196)

(14)为肥甘不足于口与?轻煖不足于体与?……王之诸臣皆足以供之,而王岂为是哉?(孟子·梁惠王上)

(15)尽善挟治之谓神,万物莫足以倾之之谓固,神固之谓圣人。(荀子·儒效,133)

这几例"足以"前并没有"以"可以引介的对象,不能再认为"以"的宾语提取到"足"字之前了。这时,"以"已虚化为后附成分,"足以 VP"只能分析为"(足以)VP"。

综上所述,在非施事 NP 后的"足以","以"的介词性较明显;当"足以"前为 VP 时,"以"进一步虚化,VP 越复杂,"以"虚化得越厉害;当"足以"前出现施事而且施事后没有 VP 时,"足以"已基本凝固。通过上面的分析,亦可知"足以 VP"到底应分析为"足(以 VP)"还是"(足以)VP",有时很难判定。请看下例:

(16)晋文公问于狐偃曰:"寡人甘肥周于堂,卮酒豆肉集于宫,壹酒不清,生肉不布,杀一牛遍于国中,一岁之功尽以衣士卒,其足以战民乎?"狐子曰:"不足。"文公曰:"吾弛关市之征而缓刑罚,其足以战民乎?"狐子曰:"不足。"文公曰:"吾民之有丧资者,寡人亲使郎中视事,有罪者赦之,贫穷不足者与之,其足以战民乎?"狐子对曰:"不足。……"曰:"然则何如足以战民乎?"狐子对曰:"令无得不战。"公曰:"无得不战奈何?"狐子对曰:"信赏必罚,其足以战。"(韩非子·外储说右上,327)

这一例中有 5 个"足以",前三个属 C 式,"足以 VP"宜分析为"(足以)VP";后两个属 B 式,"足以 VP"可分析为"足(以 VP)"。但通观上下文,这 5 个"足以"的意思并没有什么不同。

上例中狐偃的答话一律用"不足",可以说明战国末期"足以"尚未成词,而只是凝固结构,否则答话应该用"不足以"而不是"不足";但也有另一种可能:"足"与"足以"当时是并行不悖的两个词,人们在答问时用"足"而不用"足以"。

### 3.5.2 "足以"的意义

一是义为"足够",表可能,属条件类。以上所举 A 式句与 B 式句中的"足以"都是这个意思。C、D 式句中,"足以"之前出现了施事主语;这时候,"足以"仍多表条件,如例(10)(11),有时似表能力,如例(12)—(15)。表能力的例子很少见,本文视为特殊用法,而不把它独立为义项。

二是义为"值得、配",属估价类。例如:

(17)子曰:"士而怀居,不足以为士矣!"(论语·宪问)

(18)他日又谓之,对曰:"郢不足以辱社稷,君其改图。……"(左传·哀2年,1612)

(19)且夫二子者,又何足以称扬哉?(庄子·庚桑楚,337)

(20)夏后启曰:"鄙人也,焉足以问?"(吕·知分)

这种意义当是由"足够"义发展而来的(参见3.4节)。

### 3.5.3 "足"与"足以"的比较

"足"与"足以"都有表可能、表估价二义,它们的区别主要在于主语:"足"的主语都是受事;而"足以"的主语多为工具、方式、材料、施事等等,偶尔也可以是受事(如例19、20)。当主语为与事时,句子用"足与"。"足与"只有"值得"一义(见刘利 2000:141—142)。《孟子·公孙丑下》有一例"足用":"王由足用为善",杨伯峻先生《孟子译注》认为犹"足以"。

大多数情况下,"足"与"足以"不相混。极少数例子二者混同,例如:

(21)烈士为天下见善矣,未足以活身。吾未知善之诚善邪?诚不善邪?若以为善矣,不足活身;以为不善矣,足以活人。(庄子·至乐,269)

(22)今主君德薄,不足听之。(韩非子·十过,65)

今吾君德薄,不足以听。(同上,64)

(23)故曰:龟筴鬼神不足举胜,左右背乡不足以专战。(韩非子·饰邪,122)

这三例中的"不足"一般应作"不足以",因为"足"的主语须是受事。

# 4. 春秋战国时期的助动词系统(下)

## 4.1　可

"可"可作形容词,义为"合宜"。例如:

(1)帝曰:"畴咨若时登庸?"放齐曰:"胤子朱启明。"帝曰:"吁! 嚚讼,可乎!"(书·尧典)

"可"的动词义"许可"在先秦也很常见,它可能是由形容词"可"的意动用法发展来的。这个意思在先秦一般不带体词宾语。例如:

(2)季孙告二子,二子不可。(左传·哀11年,1658)

同"足"一样,"可"转化为助动词,没有带体词宾语这一中间阶段,因此我们推测助动词"可"是由于形容词"可"带上VP而产生的。

助动词"可"的语义可分为三类。一是表条件可能,其后多带非自主动词,这时"可"与表条件可能的"能、得"同义。例如:

(3)禹曰:"俞,乃言厎可绩。"(书·皋陶谟)〔据伪孔传,"可绩"义为"可以立功"。〕

(4)有匪君子,终不可谖兮。(卫风·淇奥)

(5)子张问:"十世可知也?"(论语·为政)

二是表许可,其后带自主动词。例如:

(6)义尔邦君越尔多士、尹氏、御事绥予曰:"无毖于恤,不可不成乃宁考图功!"(书·大诰)

(7)维曰于仕,孔棘且殆。云不可使,得罪于天子。亦云可使,

怨及朋友。(小雅·雨无正)

(8) 父母之年,不可不知也。一则以喜,一则以惧。(论语·里仁)

(9) 三年无改于父之道,可谓孝矣。(论语·里仁)

(10) 子大叔戒之曰:"大国之人不可与也。"(左传·襄 24 年,1091)

三是表估价。例如:

(11) 仲可怀也,父母之言,亦可畏也。(郑风·将仲子)

(12) 虽小道,必有可观者焉;致远恐泥,是以君子不为也。(论语·子张)

(13) 九功之德皆可歌也,谓之《九歌》。(左传·文 7 年,564)

## 4.2 可以

### 4.2.1 "可以"的凝固过程

"可以"与"足以"类似。据刘利(2000:50),"可""以"连用时,"以"后带宾语的例子,未见于《尚书》《论语》《左传》《孟子》,《国语》仅有 1 例,《韩非子》有 8 例(实有 13 例)。据此可认为:"以"后大多并不存在介词宾语的省略;"以"虽是介词,但其作用并不是引进宾语,而是标记着"可以"前的主语是其后 VP 所表示的动作的工具、方式、凭借、原因等。

"可以"出现的句式大致可分为以下几类:

A. NP(非施事)+可以+VP。例如:

(1) 它山之石,可以攻玉。(小雅·鹤鸣)

(2) 维南有箕,不可以簸扬。维北有斗,不可以挹酒浆。(小

雅·大东）

(3) 诗,可以兴,可以观,可以群,可以怨。(论语·阳货)

从这类句子可以明显看出:"以"的宾语实际已提取到"可"字之前了。这类句子,在分析时都可在"可以"后添补"之"。这类"可以 VP"应分析为"可(以 VP)"。

B. $VP_1$ ＋ 可以 ＋ $VP_2$。例如:

(4) 不备不虞,不可以师。(左传·隐 5 年,45)

(5) 以臣召君,不可以训。(左传·僖 28 年,473)

(6) 见利思义,见危授命,久要不忘平生之言,亦可以为成人矣。(论语·宪问)

(7) 夫乐以安德,义以处之,礼以行之,信以守之,仁以厉之,而后可以殿邦国、同福禄、来远人,所谓乐也。(左传·襄 11 年,993)

这几例"可以"前的 VP 变得复杂。例(4)(5)可有两种分析:一是认为"$VP_1$"是一个"指称",作"可以 $VP_2$"的主语,如此则同于 A 式;二是认为"$VP_1$"仍是"陈述",与"可以 $VP_2$"一样,自成一个小句,二者的主语同为一个泛指的施事。"$VP_1$"越复杂,第二种分析就越适合。例(6)(7)中的"可以 $VP_2$"已倾向于分析为"(可以)$VP_2$",即介词"以"已开始与"可"凝固在一起。

C. NP(施事)＋ $VP_1$ ＋ 可以 ＋ $VP_2$。一旦 $VP_1$ 前出现了施事,再在"可以"之后添补"之"已非常勉强;这时"可以 $VP_2$"宜分析为"(可以)$VP_2$"。例如:

(8) 子曰:"君子博学于文,约之以礼,亦可以弗畔矣夫!"(论语·雍也)

(9) 纥也闻之,在上位者洒濯其心,壹以待人;轨度其信,可明征也,而后可以治人。(左传·襄 21 年,1057)

D. NP(施事)＋可以＋VP。这类句子的施事主语之后无 VP,"以"

已虚化为后附成分。例如:

(10)士不可以不弘毅,任重而道远。(论语·泰伯)

(11)柳下惠为士师,三黜。人曰:"子未可以去乎?"(论语·微子)

(12)滕侯曰:"我,周之卜正也;薛,庶姓也,我不可以后之。"(左传·隐11年,71)

(13)范文子曰:"若逞吾愿,诸侯皆叛,晋可以逞。……"(左传·成16年,880)

(14)祁午谓赵文子曰:"……有令名矣,而终之以耻,午也是惧,吾子其不可以不戒。"(左传·昭1年,1201)

综上所述,在非施事 NP 后的"可以","以"的介词性明显;当"可以"前为 VP 时,"以"进一步虚化,VP 越复杂,"以"虚化得越厉害;当"可以"前出现施事而且施事后无 VP 时,"可以"已基本凝固。通过上述分析,亦可知"可以 VP"到底应分析为"可(以 VP)"还是"(可以)VP",有时很难判定。

再看下面两例:

(15)曰:"若寡人者,可以保民乎哉?"曰:"可。"(孟子·梁惠王上)

(16)明日,召史起而问焉,曰:"漳水犹可以灌邺田乎?"史起对曰:"可。"(吕·乐成)

上两例中,答句用"可"而非"可以",说明战国末期"可以"尚未成词,而只是凝固结构;但也有另一种可能:"可"与"可以"是并行不悖的两个词,人们答问时用"可"而不用"可以"。

### 4.2.2 "可以"的意义

"可以"有二义:一是表条件可能,如例(1)—(3);二是表许可,如例

(4)—(6)。"可以"偶尔表能力、估价,例如:

(17)子濯孺子曰:"今日我疾作,不可以执弓,吾死矣夫!"(孟子·离娄下)

(18)世有兴主仁士,深意念此,亦可以痛心矣,亦可以悲哀矣。(吕·禁塞)

(19)今王何不使可以信者接收燕、赵?(战国策·燕策一)[转引自刘利 2000:41]

例(17)表能力,后两例表估价。表能力、估价很少见,因此我们视为特殊用法,不独立为义项。

### 4.2.3 "可"与"可以"的比较

同助动词"足"一样,助动词"可"的主语为受事;"可以"的主语很少是受事。"可以"凝固之前,它的主语表示工具、材料、方式、凭借等等;"可以"凝固之后,主语变为施事或当事。请看下例:

(20)有楚国而治其民,以敬事神,可以得祥,且有聚矣,何患?(左传·哀16年,1702)

如果把此例理解为"可以之得祥",则"有楚国而治其民,以敬事神"可以整体视为"可以"的主语,表凭借;如果把此例"可以"视为凝固结构,则它的主语是一个未出现的施事。

上面的意思,王力(1990:339)在谈"可"和凝固结构"可以"的区别时已提到。王先生说:"'可'字后面的动词是被动意义的,'可以'后面的动词是主动意义的。"

当主语为与事时,句子用"可与",例如:

(21)此邦之人,不可与明。(小雅·黄鸟)

(22)可与言而不与之言,失人;不可与言而与之言,失言。(论语·卫灵公)

下例"可以"相当于"可与":

(23)士未可以言而言,是以言餂之也;可以言而不言,是以不言餂之也,是皆穿踰之类也。(孟子·尽心下)

"可、可以"表许可时,都表情理上许可。助动词"得"用于否定可表禁令,义为"不准、不许"(参见 3.3.2 节),这个意思与表许可的"可、可以"的否定义略有差别。

## 4.3 宜

《今文尚书》《论语》未出现助动词"宜";《诗经》中助动词"宜"有 10 例,9 例写作"宜",1 例写作"义";《左传》中助动词"宜"有 4 例,《孟子》有 8 例,《荀子》有 4 例,《韩非子》有 14 例,《吕氏春秋》有 9 例,均写作"宜"。

助动词"宜"的意义有两类:一是表应当,属道义类。例如:

(1)黾勉同心,不宜有怒。(邶风·谷风)

(2)天不湎尔以酒,不义从式。(大雅·荡)

(3)襄公将去穆氏,而舍子良。子良不可,曰:"穆氏宜存,则固愿也。若将亡之,则亦皆亡,去疾何为?"(左传·宣 4 年,679)

(4)既,楚发其赏,子发辞曰:"发诫布令而敌退,是主威也;徒举相攻而敌退,是将威也;合战用力而敌退,是众威也。臣舍不宜以众威受赏。"(荀子·强国,294)

(5)使小臣有智能而遁桓公,是隐也,宜刑;若无智能而虚骄矜桓公,是诬也,宜戮。(韩非子·难一,356)

(6)阿主之为,有过则主无以责之,则人主日侵,而人臣日得。是宜动者静,宜静者动也。(吕·君守)

二是表盖然,属认识类。例如:

(7)夫子有三军之惧,而又有桑中之喜,宜将窃妻以逃者也。

(左传・成2年,805)

(8)视流而行速,不安其位,宜不能久。(左传・成6年,826)

(9)万章问曰:"《诗》云,'娶妻如之何?必告父母'。信斯言也,宜莫如舜。舜之不告而娶,何也?"(孟子・万章上)

(10)夫濡涂重而生橡挠,以挠橡任重涂,此宜卑。(韩非子・外储说左上,272)

形容词"宜"在春秋战国时期常以"(NP)VP 宜"、"宜 NPVP"两类格式出现。以《左传》为例,"宜"共出现 40 次,"(NP)VP 宜"出现了 16 次,"宜 NPVP"出现了 10 次,例如:

(11)从善如流,宜哉!(左传・成8年,838)

(12)狄之广莫,于晋为都。晋之启土,不亦宜乎!(左传・庄28年,240)

(13)谋及妇人,宜其死也。(左传・桓15年,143)

(14)沐则心覆,心覆则图反,宜吾不得见也。(左传・僖24年,416)

前两例为"(NP)VP 宜",后两例为"宜 NPVP"。助动词"宜"大概是由于形容词"宜"移位至 VP 之前而形成的。

## 4.4 当

《诗经》无"当"一词。《今文尚书》有 1 例"当",用为助动词:

(1)古人有言曰:"人无于水监,当于民监。"(酒诰)

助动词"当"在春秋战国用例不多,在《论语》《荀子》中无用例,《左传》有 3 例,《孟子》有 1 例,《韩非子》有 10 例,《吕氏春秋》有 8 例。

其意义有两类:一是表应当,属道义类,如例(1),又如:

(2)王享有体荐,宴有折俎。公当享,卿当宴。王室之礼也。(左传・宣16年,770)

(3) 孟子曰:"言人之不善,当如后患何?"(孟子·离娄下)

(4) 为人臣不忠,当死;言而不当,亦当死。(韩非子·初见秦,1)

(5) 且夫赵当亡而不亡,秦当霸而不霸,天下固以量秦之谋臣一矣。(同上,10)

(6) 若此者,天之所诛也,人之所雠也,不当为君。今兵之来也,将以诛不当为君者也,以除民之雠而顺天之道也。(吕·怀宠)

(7) 我已亡矣,而不知其故。吾所以亡者,果何故哉?我当已。(吕·审己)

二是表盖然,属认识类,较早出现在《韩非子》《吕氏春秋》中,例如:

(8) 若言离法而行远功,则绳外民也,二君又何礼之?礼之当亡。(韩非子·外储说左上,264)

(9) 季子曰:"诸能治天下者,固必通乎性命之情者,当无私矣。"(吕·有度)

义为"适当"的形容词"当"在《左传》《孟子》中都只出现 1 例①,在《荀子》中才开始多见(有 38 次,占"当"出现总数(67 次)的 56.7%)。形容词"当"产生得比较晚。助动词"当"是从动词"当"引申而来的,这一点,白晓红(1997:219—220)说得很清楚。引申的途径有两条:一是从动词义"承当"等引申而来,比如例(2)的"当"似还可理解为"接受、担当";二是从动词义"面临"等引申而来,从例(5)可看出这种引申的痕迹。

## 4.5 获、欲

这两个助动词运用得不广泛。

---

① 这两例为:
军志曰:"允当则归。"(左传·僖 28 年,456)
会计当而已矣。(孟子·万章下)

在《左传》《国语》中,动词"获"由"获得"义引申出助动词义"能够",表条件可能;这种引申与"得"的发展一致(见刘利 2000:175—178;白晓红 1997:215)。例略。

依据马承源(1988),西周金文中"欲"出现 3 次,写作"谷、俗":

(1)谷女弗以乃辟圅(陷)于艱(艰)。(师询簋,174)
(2)俗我弗作先王忧。(毛公鼎,316)
(3)俗女弗以乃辟圅(陷)于艱(艰)。(同上,317)

这 3 例"欲"后接小句宾语,义为"希望"。

春秋战国"欲"多表意愿,例略。张双棣等(1993:423)指出《吕氏春秋》中"欲"有"应当"义。这个意义出现在《贵公》《任地》《辩土》3 篇之中,共 19 例。例如:

(4)故亩欲广以平,甽欲小以深。(辩土)
(5)树肥无使扶疏,树墝不欲专生而族居。(同上)

这种"欲",基本是从情理而言的,我们归入"道义必要"。在《论语》中有一例:

(6)君子欲讷于言而敏于行。(里仁)

"欲"表必要,大概是从表意愿转化而来的,这种转化可从下例看出线索:

(7)肌肤欲其比也,血脉欲其通也,筋骨欲其固也,心志欲其和也,精气欲其行也。(吕·达郁)

## 4.6 小结

春秋战国时期,助动词系统已基本成型。

条件类助动词有"克(在战国中期被助动词'能'取代)、能、得、获、足、可",还有凝固格式"可以、足以"。这些词语都表可能,其中"足、足以"义为"足够、完全能够",与其他词语的意思稍有不同。"能、得"的双重否定可以表示客观条件下的必然性或必要性。

道义类助动词有"可、得、宜、当、欲",还有凝固结构"可以"。"可、得、可以"表许可;"宜、当"表应当;"欲"表必要。"不可不、不可以不"等双重否定表示道义必要。

认识类助动词有"宜、当",表盖然。认识类可能性可由副词"殆、或、或者"等表示,认识类必然性可由副词"必"表示。

估价类助动词有"足、可",还有凝固结构"足以"。

# 5. 两汉时期的助动词系统

所考察的这一时期的文献为《史记》《汉书》《论衡》及 29 部东汉佛典。①

## 5.1 能

同先秦一样,助动词"能"最常用的意义是表条件可能。例略。

这一时期"能"的双重否定形式有"不能不、不能无、不能毋",多表示客观条件下的必然性,义为"免不了"。例如:

(1)蒙恬喟然太息曰:"我何罪于天,无过而死乎?"良久,徐曰:"恬罪固当死矣。起临洮属之辽东,城堑万余里,此其中不能无绝地脉哉。此乃恬之罪也。"(史记·蒙恬列传,2570)

(2)夫起临洮属之辽东,城径万里,此其中不能毋绝地脉。(论衡·祸虚,275)

(3)人之筋骨,非木非石,不能不解。(论衡·儒增,374)

---

① 29 部东汉佛典据许理和(1977[1987:225])。据梅祖麟(1999:287),许理和先生在 1991 年发表的《关于最早的佛经译文的一些新看法》一文中,对以往的看法稍有改变,主要是:《大正藏》No.1508 原署安玄、严佛调译《阿含口解十二因缘经》的译者应为安世高;《大正藏》No.624 原署支娄迦谶译《伅真陀罗所问如来三昧经》为东汉所译,但译者不明;新添了 No.105《五阴譬喻经》、No.109《转法轮经》两种译者不明的东汉佛典。新添的两部佛典都很短,本文仍以以前的 29 部作为考察对象。

## 5.2 得

"得"可表条件可能,例略。

表许可的"得"在两汉发展迅速。在《论语》《左传》《孟子》《吕氏春秋》四部文献中,表许可的"得"一共只出现 39 例(参见 3.3.2 节)。两汉以后,这种用法明显增加:在《史记》中出现了 124 例[①],《论衡》中也出现了 24 例,《道行般若经》(约 9 万字)有 16 例,《中本起经》(约 3 万字)有 12 例。它的发展不仅体现在出现频率的增加,而且体现在出现了一些先秦没有的用法。

"得"表许可,主要有以下几种情况:一是以"不得、勿得、毋得、无得、安得、何以得"等否定和反诘用法出现,这是先秦已有的用法。例如:

(1)尉曰:"今将军尚不得夜行,何乃故也!"(史记·李将军列传,2871)

尉曰:"今将军尚不得夜行,何故也!"(汉书·李广传,2443)

(2)上常衣绨衣,所幸慎夫人,令衣不得曳地,帏帐不得文绣,以示敦朴,为天下先。(史记·孝文本纪,433)

(3)帝曰:"引持去,送掖庭狱!"夫人还顾,帝曰:"趣行,女不得活!"(史记·外戚世家,1985)

(4)盖礼,大夫之赞,士不得寝也。(论衡·感类,796)

(5)诸蛮夷君长欲入见天子,勿得禁止。(史记·朝鲜列传,

---

① 下例有歧义:
　　太后除窦婴门籍,不得入朝请。(史记·魏其武安侯列传,2839)
如果理解为窦婴因为被开除了门籍,故不能够入朝请,则"得"表可能;如果理解为窦婴不被准许入朝请,则"得"表许可。

2986)

蛮夷君长欲入见天子,勿得禁止。(汉书·朝鲜传,3864)

(6)孝王诫后世,善保罍樽,无得以与人。(史记·梁孝王世家,2087)

戒后世善宝之,毋得以与人。(汉书·文三王传,2214)

(7)夫文吏之学,学治文书也,当与木土之匠同科,安得程于儒生哉?(论衡·量知,552)

(8)窦婴在前,据地言曰:"汉法之约,传子適孙,今帝何以得传弟,擅乱高帝约乎!"(史记·梁孝王世家,2090)

在支谶的译经中,表许可的"得"常以"莫得"的组合出现。① 例如:

(9)佛言:"……当施与作阿耨多罗三耶三菩,莫得著色痛痒思想生死识。……"(道行般若经,8/452b)

(10)从是东行,莫得休息。(同上,8/471a)

(11)佛告贤者舍利弗言:"莫得说是语,所以者何?……"(阿閦佛国经,11/760b)

"不得"常义为"不准、不许",如例(1)—(3),这类表禁令的"不得"不能用"不可、不可以"替换(参见 4.2.3 节)。"勿得、毋得、无得"也表禁令,"莫得"表告诫;在汉语中,表禁令、告诫的"勿、毋、无、莫"不能修饰"可、可以"。

二是以肯定用法出现,这是先秦未有的新用法。例如:

(12)高祖时诸侯皆赋,得自除内史以下,汉独为置丞相,黄金印。(史记·五宗世家,2104)

(13)发仓庾以振贫民,民得卖爵。(史记·孝文本纪,432)

在"令(NP)得、使(NP)得、请得、愿得"等格式中,"得"的"许可"义

---

① 在安世高、支谶、康孟详的译经中,表禁令的"莫"很常见;但在安世高的译经中,未发现"莫得",在康孟详所译的《修行本起经》《中本起经》中也没有"莫得"。

很明显。例如:

(14)始令吏得入谷补官,郎至六百石。(史记·平准书,1433)[《汉书·食货志下》1168同]

(15)纣乃许之,赐弓矢斧钺,使得征伐,为西伯。(史记·殷本纪,106)

(16)章自请曰:"臣,将种也,请得以军法行酒。"(史记·齐悼惠王世家,2001)

(17)乳母上书曰:"某所有公田,愿得假倩之。"(史记·滑稽列传,3204)

"令(NP)得、使(NP)得"是给予许可,"请得、愿得"则是请求许可。

三是以双重否定形式"不得不"出现,这也是先秦未有的新用法。这类"不得不"义为"不可不、必须",表道义上的必要。例如:

(18)比干曰:"为人臣者,不得不以死争。"(史记·殷本纪,108)

(19)三人非负太守,乃负王法,不得不治。(汉书·何并传,3268)

(20)须菩提当报恩,不得不报恩,何以故?(道行般若经,8/429a)

再请看下面两例:

(21)窦太后好黄帝、老子言,帝及太子诸窦不得不读《黄帝》《老子》,尊其术。(史记·外戚世家,1975)

　　窦太后好黄帝、老子言,景帝及诸窦不得不读《老子》,尊其术。(汉书·外戚传上,3945)

(22)是鸟来,其身不得不痛,若当闷极若死,何以故?其身长大,及无有翅。(道行般若经,8/453c)

例(21)"不得不"义为"只得、只好",例(22)"不得不"义为"免不了","得"

都表条件可能,义为"能够"。这类"不得不"是先秦已有的用法(参见 3.3.3 节)。

## 5.3 足、足以

王力(1980:459)说:"汉代以后,'以为'和'可以'才逐渐凝固成为复音词。"同"可以"一样,至迟在西汉已出现复音词"足以"。与先秦相比,助动词"足""足以"的语义没有大的变化。"足、足以"都有表条件可能、表估价二义。

《史记》"足"表估价有 102 次,表可能有 12 次;《论衡》"足"表估价有 20 次,表可能有 3 次。由此可知表估价是"足"的主要用法。例如:

(1)我与若,何足预彼哉!(史记·日者列传,3220)

(2)夫如是,市虎之讹,投杼之误,不足怪,则玉变为石,珠化为砾,不足诡也。(论衡·累害,15)

(3)立召入,具言灌夫醉饱事,不足诛。(史记·魏其武安侯列传,2851)

(4)江东虽小,地方千里,众数十万人,亦足王也。(史记·项羽本纪,336)

前三例表估价,例(1)义为"配",例(2)义为"值得",例(3)义为"够得上"。例(4)表可能。

《史记》"足以"表可能有 95 次[①],表估价有 23 次;《论衡》"足以"表可能有 36 次,表估价有 7 次。由此可知表可能是"足以"的主要用法。例如:

(5)毛羽未可以效不死,仙人之有翼,安足以验长寿乎?(论

---

① 这 95 次包括 1 例义同"足以"的"足用":
  智足以应近世之变,宽足用得人。(史记·太史公自序,3316)

衡・无形,67)

(6)此二人者,足以观矣。(史记・淮阴侯列传,2625)

(7)长平之战,赵卒降者数十万人,我诈而尽阬之,是足以死。(史记・白起王翦列传,2337)

长平之战,赵卒降者数十万,我诈而尽坑之,是足以死。(论衡・祸虚,275)

例(5)表可能;例(6)(7)都表估价,例(6)义为"值得",例(7)义为"够得上"。

## 5.4 肯

"肯"本是表意愿的动词,最早出现在《今文尚书》中:

(1)王曰:"若昔朕其逝,朕言艰日思。若考作室,既厎法,厥子乃弗肯堂,矧肯构?厥父菑,厥子乃弗肯播,矧肯获?厥考翼其肯曰:予有后弗弃基?……"(书・大诰)

下例"肯"的主语是无生命物,这时"肯"转化为表条件可能的助动词,义为"能、能够":

(2)我五百弟子今朝燃火,了不肯燃,是佛所为乎?(中本起经,4/151a)①

## 5.5 可、可以

两汉"可以"已成词,不过仍有问句用"可以"而答句用"可"的例子:

(1)阖庐曰:"子之十三篇,吾尽观之矣,可以小试勒兵乎?"对曰:"可。"阖庐曰:"可试以妇人乎?"曰:"可。"(史记・孙子吴起列

---

① 此例太田辰夫(1988[1991:32])已引用。

传,2161)

"可"可出现在小句宾语中:

(2)佛悉知是人可成为菩萨,而中欲意转。(阿阇世王经,15/392c)

(3)跋陀和与八菩萨与诸宗亲……却白佛言:"饭食具已办,愿佛可行。"(般舟三昧经,13/914c)

两汉时期"可、可以"的语义较先秦没有变化。"可"有表条件可能、表许可、表估价三义,各举一例如下:

(4)出于中计,胜败之数未可知也。(史记·黥布列传,2604)

(5)良曰:"臣为韩王送沛公,不可不告,亡去不义。"(汉书·高帝纪,25)

(6)各各白佛:"甚可奇。是伎乐之音,乃作是问。……"(佛真陀罗所问如来三昧经,15/360c)

"可以"有表许可、表条件可能二义,各举一例如下:

(7)穆公曰:"毋立冯,吾不可以负宣公。"(史记·宋微子世家,1623)

(8)语曰:"图王不成,其弊可以霸。"(论衡·气寿,30)

## 5.6　宜

与先秦对比,"宜"的语义没有变化,仍有表应当(道义类)和表盖然(认识类)两个意思。例如:

(1)郦生不拜,长揖,曰:"足下必欲诛无道秦,不宜踞见长者。"(史记·高祖本纪,358)

(2)郊畴乎天子,社至乎诸侯,函及士大夫,所以辨尊者事尊,卑者事卑,宜钜者钜,宜小者小。(史记·礼书,1168)

(3)秦父兄苦其主久矣,今诚得长者往,毋侵暴,宜可下。(史

记·高祖本纪,357)

前两例表应当;在第二例中,"宜 VP"作定语而非谓语。末一例表盖然。

在安世高所译 16 部佛典中,只在《七处三观经》中出现了 4 次"宜",作名词或形容词;在支谶所译的 8 部佛典中,没有出现"宜"这个字。

"宜"可出现在小句宾语中:

(4)掾史以为见责甚深,而终以反室者,丑恶之辞也。或劝庆宜引决。(汉书·万石君传,2200)

## 5.7 当

"当"先秦用例不多,在《史记》中得到了很大的发展。就表应当而言,"当 VP"可以出现在定语位置。例如:

(1)项王然其言,乃赦外黄当阬者。(史记·项羽本纪,329)

(2)匈奴数侵盗北边,屯戍者多,边粟不足给食当食者。(史记·平准书,1419)

下面是表盖然的例子:

(3)少年,有客相之曰:"当刑而王。"(史记·黥布列传,2597)

(4)子以吾言为不诚,试入诊太子,当闻其耳鸣而鼻张,循其两股以至于阴,当尚温也。(史记·扁鹊仓公列传,2788)

(5)今彗星长竟天,天下兵当大起。(史记·淮南衡山列传,3082)

(6)佛告迦叶:"欲使燃不?"问之至三,对曰:"欲使燃。"佛言:"可去。火当燃。"(中本起经,4/151a)

例(4)后一个"当"与例(5)(6)中的"当"的主语都是无生命物,这是先秦未有的新用法。主语为无生命物时,"当"的推断义非常明显。①

## 5.8 应

在东汉佛典中,能够见到表应当的助动词"应"。例如:

(1)应得不得,应解不解,应自知证不自知证。是为六瞢瞢种。(长阿含十报法经,1/237c)

　　当得不得,当解不解,当自知证不自知证。是为七瞢瞢种。(同上,1/237c)

(2)当行贤者法,舍非贤者法,受贤者法随法。比丘应当学是佛说,是比丘受著心行。(是法非法经,1/838c)

(3)阿耆达取供养余具,遍散道中,欲令佛蹈上而过,佛告梵志:"饭具米粮,是应食噉,不宜足蹈。"(中本起经,4/163b)

(4)饭佛及僧,吾等应先,男尊女卑,卿当在后。(同上,4/161c)

(5)耆老断当:地价已决,不应得悔,国政清平,祇不违法。(同上,4/156c)

"应"一词最早出现于西周金文,在马承源(1988)中有 4 例,都与"受"连用为"应受"。这个"应"与"受"同义,义即"接受",详细论证见王

---

① 表盖然的"当"显示说话人的推断,下面的"当"与之有别:
　　昔夫子当行,使弟子持雨具,已而果雨。(史记·仲尼弟子列传,2216)
　　既去,顷之,襄子当出,豫让伏于所当过之桥下。(史记·刺客列传,2521)
这种"当"表示某件事将要发生,相当于"将",是表时间的副词。这类"当"在佛典中多见(佛典中常见的"过去当来今现在"一语中的"当来"即"将来"),例如:
　　于是佛言:"善哉善哉,如尔所问,如来当具演之。整心整意,感受莫忘。"(成具光明定意经,15/452c)
　　又问:"欲上船不?"佛言:"当上。"(中本起经,4/151b)
这两例"当"都是佛说自己将做什么。表将来的"当"大概是从动词义"面临、对着"发展而来的。

引之《经义述闻》卷四"应保殷民"条。"应"从"接受"义引申为"响应、报应、符合"等义,例如:

(6)其弼直,惟动丕应。(尚书·皋陶谟)[伪孔传:动则天下大应之。]

(7)私欲养求,不给则应。(左传·昭20,1417)[杜注:所求不给,则应之以罪。]

(8)曲者中钩,直者应绳。(庄子·马蹄,150)

助动词"应"从"符合、适合"义转化而来,下例"应"理解为"应当"或"合乎"是两可的:

(9)王闻大怒,举手自击,前勒修道,复令太子辄见不祥,罪应刑戮。(修行本起经,3/467b)

## 5.9 "宜""当""应"的比较

助动词"宜"与"当"在先秦两汉的使用情况见下表:

|   | 西周金文 | 今文尚书 | 诗经 | 论语 | 左传 | 孟子 | 荀子 | 韩非子 | 吕氏春秋 | 史记·世家 | 汉书·传1—30 | 论衡 |
|---|---|---|---|---|---|---|---|---|---|---|---|---|
| 宜 | 4 | 0 | 10 | 0 | 4 | 8 | 4 | 14 | 9 | 21 | 79 | 249 |
| 当 | 0 | 1 | 0 | 0 | 3 | 1 | 0 | 10 | 8 | 48 | 105 | 374 |

从上表可以看出:助动词"宜"的产生早于助动词"当";在春秋战国时期,"宜"的使用次数还多于"当",但进入西汉以后,"当"的使用占据上风。高世高、支谶所译佛典未出现助动词"宜",说明在东汉末年的口语中,助动词"当"已占绝对优势。

助动词"应"的产生晚于助动词"宜、当"。据汪维辉(2000:320),助动词"应"的产生当不晚于西汉末年;至迟在东汉末,"应"在口语中已经处于跟"当"同等或更重要的地位。

助动词"宜、当、应"在语义上的异同,汪维辉(同上:315,317)说得很清楚:"应"和"当"在词义上没有什么差别,同样的语境既可用"应",也可用"当";"宜"与"应、当"不完全同义,"应、当"表情理上应该怎么样,语气较硬,而"宜"则指以怎么做为好,是一种委婉的建议。汪维辉先生只就表应当来谈"宜、当、应"。就盖然性而言,三者的异同与表应当一致:"应、当"语义无别,都比"宜"在语气上稍稍强一些。在所调查的这一时期的文献中,我们还没有发现表盖然的"应","应"表盖然较早见于六朝(见 6.10.1 节)。

## 5.10 欲

《史记》中有 1 例表必要的助动词"欲"①:

(1)章曰:"深耕穊种,立苗欲疏;非其种者,鉏而去之。"(史记·齐悼惠王世家,2001)

## 5.11 须

### 5.11.1 一般动词"须"

《说文·立部》:"??,待也。"义为"等待"的"须"是假借字,这个意思最早见于《今文尚书》《诗经》,各有 1 例:

(1)天惟五年须暇之子孙。(尚书·多方)[孙星衍《尚书今古文注疏》:"郑康成曰:'夏之言假。天觊纣能改,故待暇其终至五年,欲使复传子孙。……'"]

---

① 下例"欲"也表必要,但出现于引语中:

仲尼有言曰"君子欲讷于言而敏于行",其万石、建陵、张叔之谓邪?(史记·万石张叔列传,2773)

(2)人涉卬否,卬须我友。(邶风·匏有苦叶)

《墨子》中开始出现了"须+主之谓"结构:

(3)穴中与適人遇,则皆围而毋逐,且战北,以须鑪火之然也,即去而入壅穴杀。(墨子·备穴,860)

(4)守节,出入使,主节必疏书,署其情,令若其事,而须其还报以剑验之。(墨子·杂守,976)

《韩非子》中开始出现1例"须VP":

(5)世主眩其辩,滥其高而尊贵之,是不须视而定明也,不待对而定辩也,喑盲者不得矣。(韩非子·六反,422)

这一例"须、待"对举,"须"还是"等待"的意思。

《韩非子》有一例"须NP"中的"须"意思已有引申:

(6)夫恃貌而论情者,其情恶也;须饰而论质者,其质衰也。(韩非子·解老,133)

这个"须"可理解为"有待于"或"须要"。这个意思在《史记》中有2例,都后接NP:

(7)陛下已壮矣,宁尚须汝乳而活邪?(滑稽列传,3204)

(8)鬼神不能自成,须人而生,柰何无父而生乎!(三代世表,505)[出自褚少孙的补文。]

### 5.11.2 从《论衡》中的"须"看助动词"须"的形成及意义

《史记》中动词"须"不过9例,且没有"须VP"的例子。在《论衡》中动词"须"用例陡增,可分为以下几类:

A.须(NP)VP,小句。(12例)

(9)如必须天有命,乃以从事,安得先天而后天乎?(初禀,130)

(10)定其为鬼,须有所问,然后知之。(死伪,891)

(11)假使之然,高三尺之堂,莫荚生于阶下,王者欲视其荚,不

能从户牖之间见也,须临堂察之,乃知英数。(是应,757)

这种类型两个小句有承接关系,"须"有时只能理解为"等待",如例(9);有时可理解为"有待于"或"须要",如后两例。

B.须 VP+(关联词+)VP。(8 例)

(12)非子产(持)〔待〕耳目以知奸,独欲缪公须问以定邪。(非韩,446)

(13)所谓"圣"者,须学以圣。(实知,1082)

(14)无分于善恶,可推移者,谓中人也,不善不恶,须教成者也。(本性,137)

这种类型"须 VP"与后面的 VP 有承接关系,"须"可理解为"有待于"或"须要"。

C.须 NP+关联词+VP。(25 例)

(15)赏须功而加,罚待罪而施。(非韩,439)

(16)今谷非气所生,须土以成,虽云怪变,怪变因类。(感虚,252)

(17)未定之事,须术乃立,则欲耳闻之,非也。(非韩,444)

这种类型"须 NP"与 VP 有承接关系,"须"可理解为"有待于"或"须要"。文献中较早出现的可理解为"有待于"或"须要"的 3 例"须 NP"(即例 6—8)都以这类形式出现。

D.须 NPVP。(4 例)

(18)《易》据事象,《诗》采民以为篇,《乐》须(不)〔民〕欢,《礼》待民平。(书解,1159)

(19)方物集地,壹投而止,及其移徙,须人动举。(状留,623)

(20)若能如此,则能使五谷自生,不须人为之也。(是应,755)

与 C 类不同的是,这类结构"须 NP"与 VP 之间没有关联词。从结构关系来看,C 类"须 NP"与"VP"构成连动式,D 类则是"须"与

"NPVP"构成动宾式。"须 NPVP"在此为一个结构单位,其后没有与之相承的其他结构;这里的"须"倾向于义为"须要"。

E. 须 NP。(14 例)

(21) 故事或无益,而益者须之;无效,而效者待之。(非韩,434)

(22) 化民须礼义,礼义须文章。(效力,580)

(23) 圣主治世,期于平安,不须符瑞。(宣汉,816)

这类"须 NP"后没有其他结构,"须"倾向于义为"须要"。

F. 须 VP。(26 例)

(24) 使孔子知颜渊愈子贡,则不须问子贡。(问孔,404)

(25) 武王梦帝予其九龄,其天已予之矣,武王已得之矣,何须复请?(感类,798)

(26) 明法恐之,则不须考奸求邪于下矣。(非韩,448)

与 D、E 类一样,这类"须 VP"后没有其他结构,"须"倾向于义为"须要"。

上面提到的"须",多数不能理解为"等待",而可以理解为"有待于","须[有待于]"是"须[等待]"向"须[须要]"引申的中间环节;"须[有待于]"向"须[须要]"引申,与"须 NPVP/须 NP/须 VP"是否后带与之相承接的其他结构有关。

上文提到的可理解为"须要"的"须",如果其后带 NP(如 E 类),我们视为一般动词;如果其后带 VP(如 F 类),我们视为助动词;D 类的 NPVP 整体作"须"的宾语,这样的"须"我们也视为助动词。

佛典中有少数几例义为"须要"的"须"的例子。例如:

(27) 夫老者,年耆根熟,形变色衰,气微力竭,食不消化,骨节欲离,坐起须人……(修行本起经,3/466b)

(28) 是时释提桓因来下化作婆罗门,问萨陀波伦言:"善男子,

何其勤苦乃尔乎?用何等故宛转啼哭?"萨陀波伦菩萨报言:"不须问。"(道行般若经,8/472b)

前一例为一般动词,后一例为助动词。

这一时期,助动词"须"大多表客观上必要,如例(24)—(26)。不过,表条件必要与表道义必要的"须"在这一时期还不易分清。六朝出现了义为"不要"(表阻止或劝戒)的"不须",这时,条件类"不须"义为"不需要",道义类"不须"义为"不要",二者有了较明显的对立(见 6.12 节)。

## 5.12 助动词的连用形式

能可　同义连用,表可能。《史记》《汉书》《论衡》中未见,较早见于东汉佛典。例如:

若菩萨摩诃萨护空者,为随般若波罗蜜行已,云何拘翼,能可护响不?(道行般若经,8/443b)

"其作如是法者,能可为决说?"王言:"不。"(阿阇世王经,15/400b)

宜可　一是义为"应该可以","宜"表盖然,"可"表可能或许可。但这类"宜可 VP"应分析为"宜(可 VP)","宜可"还不是连用形式。例如:

今陛下可为观,如缑氏城,置脯枣,神人宜可致。(史记·孝武本纪,478)

臣愿陛下兴太学,置明师,以养天下之士,数考问以尽其材,则英俊宜可得矣。(汉书·董仲舒传,2512)

臣窃以为其人勇士,有智谋,宜可使。(史记·廉颇蔺相如列传,2440)

二是义为"应该","宜"表应当,"可"表许可(实表建议、请求等,参见 6.9.1 节)。这类"宜可 VP"应分析为"(宜可)VP","宜可"是连用形式。例如:

> 后太史令司马迁等言:"历纪坏废,汉兴未改正朔,宜可正。"(汉书·兒宽传,2633)

**当可、应可** "当、应"表应当,"可"表许可。例如:

> 复问佛:"有几署所当可学?"(文殊师利问菩萨署经,14/439c)

> 或有——阿难——为行道,放散乐苦痛,为自见计身。如是——阿难——因缘,不应可为痛作身见身。(人本欲生经,1/243c)

**可当、可应** 表应当,"可"几乎无义。例如:

> 第三五法,当知五种。……第四五法,当舍五盖。……第五五法,可当(咸)[减]五心意钉。(长阿含十报法经,1/234c)

> 以不知不解,如有令不可念法便念,可应念法者便不念。以应念法不念,不应念法者便念,便爱流生。(一切流摄守因经,1/813a)

> "……如有知,是时阿难,为行道所识止处,可应求、可应望、可应往处?"阿难言:"不。"(人本欲生经,1/245b)

**宜当** 同义连用,表应当。例如:

> 谊以为汉兴二十余年,天下和洽,宜当改正朔,易服色制度,定官名,兴礼乐。(汉书·贾谊传,2222)

> 岂以己不贪富贵之故,而以距逆宜当受之赐乎?(论衡·刺孟,451)

> 有一臣言:"太子已大,宜当娶妻以回其志。"(修行本起经,3/465b)

**应当、当应** 同义连用,表应当。例如:

彼所见已为相分别,应当为十二倒。(阴持入经,15/175c)

如是辈行戒者,我亦戒者,当应比共慧者、同学者。(长阿含十报法经,1/235c)

当须 "当"表应当,"须"表必要。只在《论衡》中出现一次：

虽云有命,当须索之。(论衡·命禄,26)

## 5.13 小结

两汉的助动词较先秦有了进一步的发展。

这一时期,条件类助动词有:能、得、足、足以、可、可以、肯(表可能);须(表必要)。

道义类助动词有:可、可以、得(表许可);宜、当、应(表应当);欲(表必要)。"不可不、不可以不"等双重否定表示道义必要。

认识类助动词有:宜、当(表盖然)。认识类可能性可由副词"殆、或、或者、或时"等表示,认识类必然性可由副词"必"表示。

估价类助动词有:足、足以、可。

# 6. 魏晋南北朝时期的助动词系统(上)

所考察的这一时期的文献主要有 10 部:西晋·竺法护译《生经》、西晋·陈寿撰《三国志》、晋·干宝著《搜神记》、刘宋·刘义庆著《世说新语》、刘宋·求那跋陀罗译《过去现在因果经》、北魏·慧觉等译《贤愚经》、北魏·吉迦夜共昙曜译《杂宝藏经》、梁·沈约著《宋书》、北魏·贾思勰著《齐民要术》、北齐·颜之推著《颜氏家训》。有时还会用到梁·萧子显撰《南齐书》和北齐·魏收撰《魏书》。

## 6.1 能、得、足、足以

助动词"能"表条件可能,与先秦两汉用法相同。例略。

助动词"得"的意义同于两汉时期。这一时期,能见到表许可的"得"受范围副词修饰的例子。例如:"皆得服绫锦、罗绮、纨素、金银餙镂之物"(三国志·魏志·夏侯玄传,297)、"其非禁物,皆得服之"(宋书·礼五,518)、"惟得自娱于宫内,不得临民,干与政事"(三国志·吴志·孙奋传,1373)、"六月中,唯得作一石米"(齐民要术·笨麴并酒,509)。

在《齐民要术》中,"得"可以出现于小句末尾,义为"行、可以"。例如:

(1)其春种,不作畦,直如种凡瓜法者,亦得,唯须晓夜数浇耳。(种瓜,164)

(2)二月、三月种。八月、九月种亦得。(种蘘,196)

(3) 春必畦种水浇。春多风旱,非畦不得。(种葵,176)

助动词"足、足以"的意义较两汉时期没有变化,"足"多表估价,"足以"多表可能。例略。

## 6.2 肯

表条件可能。例如:①

(1) 因便伴病,困劣著床,其孥瞻劳,医药疗治,竟不肯差。(生经,3/76c)

(2) 尔时迦叶诸弟子众晨朝破薪,斧不肯举。……尔时迦叶于晨朝时,自欲破薪,斧不得举。(过去现在因果经,3/647a)

## 6.3 中

"中"可作形容词,义为"适当、适合",如"礼乐不兴,则刑罚不中"(论语·子路)。这个意思,也可以带体词宾语,如"言中伦,行中虑"(论语·微子)。

《史记》《汉书》中开始出现"中VP",例如:

(1) 始皇闻亡,乃大怒曰:"吾前收天下书不中用者尽去之。……"(史记·秦始皇本纪,258)

(2) 武帝择宫人不中用者,斥出归之。(史记·外戚世家,1978)

武帝择宫人不中用者斥出之,子夫得见,涕泣请出。(汉书·外戚传上,3949)

---

① 下两例太田辰夫(1988[1991:32—33])已引用。

(3) 及徙豪富茂陵也,解家贫,不中訾,吏恐,不敢不徙。卫将军为言:"郭解家贫,不中徙。"(史记·游侠列传,3187)

及徙豪茂陵也,解贫,不中訾。吏恐,不敢不徙。卫将军为言"郭解家贫,不中徙"。(汉书·游侠传,3704)

(4) 各自底厉,助太守为治。其不中用,趣自避退,毋久妨贤。(汉书·王尊传,3228)

杨树达《词诠》卷五"中"字下云:"形容词,合也。有用在名词上者,有用在动词上者。"所举用在名词前的例子为"木直中绳,輮以为轮,其曲中规"(荀子·劝学)及例(3)《汉书》中的"不中訾";所举用在动词前的例子为例(2)《史记》中的"不中用"及例(3)《汉书》中的"不中徙"。这几例"不中徙""不中用"中的"中",可理解为"适合、可以、能够",表条件可能,因此可视为助动词。

六朝时期,这种表条件可能的"中"开始较常出现。例如:

(5) 欲修故庙,地衰不中居,欲寄住。(搜神记 407 条)

(6) 共舍利弗按行诸地,何处平博,中起精舍。(贤愚经,4/419c)

(7) 王见奇好,必中作药,敕使留种,莫得弃散。(同上,4/400a)

(8) 吾生一女,形貌丑恶,不中示人。(杂宝藏经,4/457c)

(9) 赤盐、駮盐、臭盐、马齿盐四种,并不中食。胡豉亦中噉。(宋书·张畅传,1603)

(10) 小麦忌戌,大麦忌子,"除"日不中种。(齐民要术·大小麦,133)

助动词"中"实际表示客观条件许可做某事,与"它山之石,可以攻玉"(小雅·鹤鸣)一类句子中的"可"意义相近。"条件许可"这个意思,本文归入了"条件可能"(参见 1.4 节)。同"可"一样,助动词"中"从形容词义"适当、适合"发展而来,主语一般为受事,如例(8)—(10)[①]。"可"从形容词转化为助动词,找不到带体词宾语这个中间环节;而"中"转化为助动词,中间有带体词宾语、作一般动词这一环节,助动词"中"的直接来源是一般动词"中"。

## 6.4　好

在《齐民要术》中,"好"出现了助动词的用法,表条件可能,义为"适合、可以、能够"。例如:

(1)羔有死者,皮好作裘褥,肉好作干腊,及作肉酱,味又甚美。(养羊,440)

(2)十五年,任为弓材,亦堪作履。裁截碎木,中作锥、刀靶。二十年,好作犊车材。(种桑、柘,324)

助动词"好"由形容词"好"转化而来。形容词的例子如:

(3)偏宜猪肉,肥羊肉亦佳;苏油亦好。(齐民要术·素食,655)

## 6.5　堪

《说文解字》龙部"??"段注云:"今人用戡、堪字,古人多假??。""堪"一词最早见于西周金文,在马承源(1988)中出现了2例:

(1)猷(猇)录(禄),黄耇弥生,龕(堪)事巳辟,其万年永宝用。(墙盘,154)

(2)梁其万年无疆,龕(堪)臣皇王,眉寿永宝。(梁其钟,273)

---

① 上举例(5)(6)"中"的主语表示处所,例(7)"中"的主语表示材料。

这两例"堪"都表能力,是一般动词。

《今文尚书》有 4 例"堪 VP":一例为《顾命》中的"戡定厥功",两例为《多方》中的"惟尔多方罔堪顾之"、"克堪用德",一例为《文侯之命》中的"汝肇刑文、武,用会(龛)绍乃辟,追孝于前文人"。这四例"堪"仍是表能力的动词。《左传》中出现 3 例"不堪 VP","不堪"义为"经受不起",如"周犹不堪竞,况郑乎"(襄 10 年,979),与情态义无关。其他先秦文献少见"堪 VP"。

两汉时期,"堪 VP"中的"堪"仍是表能力的动词。例如:

(3)长者须达,承佛圣旨,进前长跪,而白世尊:"余能堪任兴立精舍,唯须比丘,监临处当。"(中本起经,4/156b)

(4)是经法者无能得,及持讽诵讲说者。今四辈人住我前,五百之众能堪持。(般舟三昧经,13/911c)

(5)独佛若文殊师利及诸菩萨深入僧那僧涅者而知是事,非罗汉、辟支佛之所而堪知其中事。(阿阇世王经,15/403c)

六朝开始见到表条件可能的助动词"堪"。例如:

(6)臣窃感先帝早崩,咸王弃世,臣独何人,以堪长久!常恐先朝露,填沟壑,坟土未干,而身名并灭。(三国志·魏志·陈思王植传,567)

(7)武昌宫已二十八岁,恐不堪用,宜下所在通更伐致。(《三国志·吴志·吴主传》注引《江表传》,1147)

(8)鸿胪卿孔群好饮酒,王丞相语云:"卿何为恒饮酒?不见酒家覆瓿布,日月糜烂?"群曰:"不尔。不见糟肉乃更堪久?"(世说新语·任诞 24 条)

(9)魏武征袁本初,治装,余有数十斛竹片,咸长数寸,众云并不堪用,正令烧除。(世说新语·捷悟 4 条)

(10)正热,不堪相见,君可且去。(宋书·王敬弘传,1732)

例(6)(8)"堪"的宾语为形容词,例(7)(9)"堪"的主语为无生命物,"堪"不表能力而表可能。例(10)强调客观情况使人不能做某事,"堪"也表可能。

下面几例中的"堪"表估价,义为"配",主语都指人。例如:

(11)相师言:"此女人福德,堪为夫人。"(杂宝藏经,4/467c)

(12)上以义宣人才素短,不堪居上流。(宋书·南郡王义宣传,1798)

(13)昶死,高祖问刘穆之:"孟昶参佐,谁堪入我府?"(宋书·谢晦传,1347)

## 6.6 任

助动词"任"由动词"担负、承担"义发展而来。据刘利(2000:18),先秦时期"任"用在VP前极少见,只在《左传》中出现两次:

(1)王曰:"子归,何以报我?"对曰:"臣不任受怨,君亦不任受德,无怨无德,不知所报。"(左传·成3年,813)

这两例"不任"仍应理解为"担当不起"。

"任"由"担负、承担"义引申为表能力,义为"胜任"。例如:

(2)彼时四乌应募:"吾等堪任取善柔肉。……"(生经,3/102b)

(3)我有一子,字曰均提,年既孩幼,不任使令。(贤愚经,4/444c)

由表能力引申为表条件可能。例如:

(4)卒腹痛,不任入。(三国志·吴志·诸葛恪传,1439)

(5)譬如一丝不任系象,合集多丝,乃能制象。(贤愚经,4/434c)

(6)此地若任稼穑,虽有兽利,事须废封。(魏书·司马跃传,860)

(7)景明以来,北蕃连年灾旱,高原陆野,不任营殖,唯有水田,少可菑亩。(魏书·源怀传,926)

"堪"的本义是"担当得起、经受得起","任"的本义是"担负、承担",它们引申为"胜任"则表能力。助动词"堪、任"是由表能力转化而来的,与"克、能"类似。

## 6.7 办

"办"可义为"能够",表条件可能。江蓝生(1988:21),蔡镜浩(1990:12—13),王云路、方一新(1992:10—12)对此都有讨论。这里仅举两例如下:

(1)愍度道人始欲过江,与一伧道人为侣。谋曰:"用旧义往江东,恐不办得食。"(世说新语·假谲11条)

(2)坦曰:"日磾之美,诚如圣诏。假使生乎今世,养马不暇,岂办见知?"(宋书·杜骥传,1721)

"办"表可能,是由动词义"办好、做成"引申而来的。"办"义为"成",例见王云路、方一新(同上)。助动词"办"与助动词"得"类似,都是由表达成转化而来的。

## 6.8 容

刘淇《助字辨略》卷一"容"字下云:"容有许意,转训为可也。"下面谈"容"由一般动词义"容许"向助动词义"可以、能够"的转化。

"容"义为"容许"时,它所出现的完整的句法格式为:$NP_1$ 容 $NP_2$

VP。但是,在汉语中,省略是司空见惯的现象,"容"用于否定和反诘时,所在小句常常就是"不容 VP、何容 VP",这时,"容"可有两种理解:一是理解为"不容 NP₂ VP、何容 NP₂ VP","容"义为"容许",仍为一般动词;二是理解为"NP₂ 不容 VP、NP₂ 何容 VP",这时"容"可视为助动词,义为"可以、能够"。例如:

(1)先王之乐,所以节百事也,故有五节;迟速本末以相及,中声以降。五降之后,不容弹矣。於是有烦手淫声,慆堙心耳,乃忘平和,君子弗听也。(左传・昭 1 年,1221)

此例可理解为:五声皆降以后,就不允许弹奏者再弹了。也可理解为:五声皆降以后,弹奏者就不可再弹了。按后一种理解,"容"义为"可以",可视为表许可的助动词。

再看一例:

(2)在军中常苦多务,恐不容复读书。(《三国志・吴志・吕蒙传》注引《江表传》,1274)

上例是吕蒙自己说的话。此例可以理解为:恐不容我复读书;也可理解为:恐我不能够复读书。按后一种理解,"容"义为"能够",可视为表条件可能的助动词。

可视为助动词的"容"在先秦两汉非常少见。除例(1)外,我们再举一例东汉的例子:

(3)舍卫长者,名曰须达,与主人伯勤虽未相见,每信相闻,行同德齐,遥揖为友。须达因事来行,推亲往造,伯勤亲供,不容得出。(中本起经,4/156a)

此例"容"表条件可能。

助动词"容"到六朝始常见。表许可、表条件可能各举两例如下:

(4)东主初崩,帝实幼弱,太傅受寄托之重,亦何容易!(三国志・蜀志・张嶷传,1054)

(5)剋期垂及,岂容方更中悔?(搜神记94条)

(6)天威在颜,遂使温峤不容得谢。(世说新语·捷悟5条)

(7)臣松之以为钟会名公之子,声誉夙著,弱冠登朝,已历显位,景王为相,何容不悉,而方于定虞松表然后乃蒙接引乎?(《三国志·魏志·钟会传》注,785)

例(6)"容"只能视为助动词,因为"容"前出现了 NP$_2$。

例(7)也可以理解为"可能",表主观推测的可能性(认识类);下面两例只能理解为"可能、或许":

(8)卢志于众坐问陆士衡:"陆逊、陆抗是君何物?"答曰:"如卿于卢毓、卢珽。"士龙失色,既出户,谓兄曰:"何至如此?彼容不相知也。"(世说新语·方正18条)

(9)以此推之,容必能立勋。(世说新语·识鉴22条)

综上所述,助动词"容"有三义:一是表许可,二是表条件可能,这二义是由"容许"义转化而来的,只以否定和反诘用法出现;三是表认识类可能性,这一义由条件可能转化而来。

## 6.9 可、叵、可以

### 6.9.1 可

助动词"可"可表条件可能。例略。

这一时期,表许可的助动词"可"常见一种特殊用法:在对话中,"可"表示说话者的建议、请求或委婉的指令。表建议如:

(1)阿夷扇持便自往谓猕猴言:"来归还家。"默声不肯。仙人报曰:"亦可原置。"答仙人曰:"吾置之耳。"(生经,3/106a)

(2)至天帝宫,见金珍宝,非世所有,意中生念,欲从求乞。有

人语言："可从求瓶。"病人便前诣释言："我欲去,愿乞此瓶。"释便与之。(同上,3/108b)

(3)石昼卧,梦上天北斗门下,见外鞍马三匹,云："明日当以一迎石,一迎本,一迎思。"石梦觉,语本、思云："如此,死期。可急还,与家别。"(搜神记260条)

(4)颖川钟繇,字元常,尝数月不朝会,意性异常。或问其故,云："常有好妇来,美丽非凡。"问者曰："必是鬼物,可杀之。"(同上399条)

(5)夜有一女子,容色甚美,自乘小船,来投福,云："日暮畏虎,不敢夜行。"福曰："汝何姓?作此轻行。无笠,雨驶,可入船就避雨。"(同上443条)

(6)有往来者云："庾公有东下意。"或谓王公："可潜稍严,以备不虞。"(世说新语·雅量13条)

(7)时彼林外有一牧牛女人,名难陀波罗。时净居天来下劝言："太子今者在于林中,汝可供养。"(过去现在因果经,3/639b)

(8)释提桓因即知佛意,如大壮士屈伸臂顷,往香山上,取四方石安置树间,即白佛言："可就石上浣濯衣也。"(同上,3/648b)

(9)阿难去后,时魔波旬来至佛所,白佛言："世尊处世,教化已久,度人周讫,蒙脱生死,数如恒沙。时年又老,可入涅槃。"(贤愚经,4/387b)

(10)时典藏臣入白王言："……太子布施,用王内藏,三分之物,向用其二。王可思之,勿令后悔。"(同上,4/411a)

表请求如:

(11)宫亭湖孤石庙,尝有估客至都,经其庙下,见二女子,云："可为买两量丝履,自相厚报。"(搜神记80条)

(12)夜四更,有一黄衣人,呼鲲字云："幼舆,可开户。"(同上429

条)

(13)狄希,中山人也。能造千日酒,饮之千日醉。时有州人姓刘,名玄石,好饮酒,往求之。……复索曰:"美哉!可更与之。"(同上447条)

(14)温太真位未高时,屡与扬州、淮中估客摴蒱,与辄不竞。尝一过大输物,戏屈,无因得反,与庾亮善,于舫中大唤亮曰:"卿可赎我!"(世说新语·任诞26条)

表委婉的指令如:

(15)太子素性,恬静难动,既闻此语,不能自安。……即勅御者:"可回车还。"(过去现在因果经,3/631a)

(16)尔时太子即便自往至车匿所,以天力故,车匿自觉。而语之言:"汝可为我被揵陟来。"(同上,3/633a)

江蓝生(1988:110—111)已指出"可"的这种用法。她说:"'可'作'宜、应当'讲,表示祈请或规劝。"从词义上看,"可"并不等同于"宜、当、应",它的语气弱于后三者;"可"表祈请或规劝,绝大多数出现在对话中,在这种本可以用"宜、当、应"的场合,说话人用语气弱的"可",使说话变得委婉了。

在先秦两汉已有少数表许可的"可、可以"用于祈请或规劝的例子。例如:

(17)叔孙归,曾夭御季孙以劳之。旦及日中不出。曾夭谓曾阜,曰:"旦及日中,吾知罪矣。鲁以相忍为国也。忍其外,不忍其内,焉用之?"阜曰:"数月於外,一旦於是,庸何伤?贾而欲赢,而恶嚣乎?"阜谓叔孙曰:"可以出矣。"叔孙指楹,曰:"虽恶是,其可去乎?"乃出见之。(左传·昭1年,1211)

(18)且行,子朔之兄寿,太子异母弟也,知朔之恶太子而君欲杀之,乃谓太子曰:"界盗见太子白旄,即杀太子,太子可毋行。"(史

记·卫康叔世家,1593)

这一时期,表估价的"可"常与后面的单音节动词结合成复音词。例如:

(19)王子敬与羊绥善。绥清淳简贵,为中书郎,少亡。王深相痛悼,语东亭云:"是国家可惜人。"(世说新语·伤逝14条)

(20)夜叉报曰:"若以大王可爱妻子与我食者,乃与汝法。"(贤愚经,4/349b)

(21)近在并州,有一士族,好为可笑诗赋。(颜氏家训·文章,254)

这几例"可惜、可爱、可笑"作定语,基本可以肯定已成词。有的"可V"也许东汉就已成词,比如"可怜",在东汉佛典中有作定语的例子:

(22)二十九者,现身作可怜沙门教人,转复作白衣行教人。(伅真陀罗所问如来三昧经,15/359a)

### 6.9.2 叵

"不可"为"叵"。"叵"有表条件可能、估价二义。表条件可能如:

(23)得大困疾,懊恼叵言。(生经,3/82c)

(24)债主将我从道而来,彼人唤我,令遮王马。高奔叵御,下手得石,捉而掷之,误折马脚,非故尔也。(贤愚经,4/428c)

(25)王便以一指镮掷于镮中,命向诸臣:"仰卿镮中,得此镮来。"臣白王言:"愿更以余罪而就于死,此镮叵得。"(杂宝藏经,4/484c)

表估价如:

(26)布因指备曰:"是儿最叵信者。"(三国志·魏志·吕布传,227)

(27)时彼国中有大长者,财富无量,举家恒共供养一辟支佛。

身体麤恶,形状丑陋,憔悴叵看。(贤愚经,4/358a)

### 6.9.3 可以

与两汉时期相比,助动词"可以"的意义没有变化。在两汉、六朝,助动词"可以"的出现频率远不及助动词"可"。以《论衡》为例,程湘清等(1994)没有列出"可以"一词,助动词"可以"在《论衡》中没有出现。据张万起(1993:73),助动词"可以"在《世说新语》中只出现 15 次。"可以"在两汉、六朝的出现频率甚至不及先秦时期:据杨伯峻(1980:229),在《论语》中,"可"出现 122 次,可视为复音词的"可以"有 33 次;又据杨伯峻(1960:366),在《孟子》中,"可"出现 164 次,可视为复音词的"可以"有 74 次;又据张双棣等(1993:323—324),在《吕氏春秋》中,助动词"可"出现了 437 次,凝固格式"可以"出现了 147 次。

## 6.10 宜、当、应、合

助动词"宜、当"的意义与用法同于两汉时期。

### 6.10.1 应

表应当例略。这一时期助动词"应"开始出现表盖然的用例。例如:

(1)时有梵志过,见戏童人数猥多,遍观察之,见瓶呪子特有贵相,应为王者。(生经,3/77a)

(2)经三年,希曰:"玄石必应酒醒,宜往问之。"(搜神记 447 条)

(3)"后应以何死?"答曰:"应以兵死。"仲举告其家曰:"吾能相。此儿当以兵死。"(同上 448 条)

(4) 人有相羊祜父墓,后应出受命君。祜恶其言,遂掘断墓后以坏其势。相者立视之,曰:"犹应出折臂三公。"(世说新语·术解3条)

(5) 时婆罗门子即见毒龙,毒遍身体,命即欲断。……父到儿所,而作是言:"我子从来无害心者,此毒应消。"(杂宝藏经,4/481b)

这一时期可以看到"应"的双重否定形式,例如:

(6) 如此臭眼,危脆之物,如是不久自当烂坏,今得用施,不应不与。(贤愚经,4/392b)

(7) 始既遍告,今贼已禽,不应不同。(宋书·礼三,426)

这两例"不应不"义即"应",表应当。

## 6.10.2 合

义同"应",表应当或盖然。六朝时期,在《生经》《三国志》《世说新语》《过去现在因果经》《贤愚经》《杂宝藏经》《百喻经》中均未出现助动词"合"。① 《宋书》中助动词"合"开始多见。例如:

(8) 既始启建茅土,故宜临轩告庙。……事非始封,不合临轩。(宋书·礼四,465)

(9) 清庙敬重,郊禋礼大,故庙焚日蚀,许以可迁;轻哀微故,事不合改。(同上,466)

(10) 被敕皇太子正冬朝贺,合著衮冕九章衣不?(宋书·礼五,525)

上三例"合"表应当,属道义类助动词。下例"合"表盖然,属认识

---

① 两汉时期,助动词"合"在我们调查的文献中只出现一例:
然则受命之符,合在于此矣。(史记·司马相如列传,3052)
这一例刘淇《助字辨略》卷五"合"字下已引用。

类助动词:

(11)吉甫,贤父也,伯奇,孝子也,以贤父御孝子,合得终于天性,而后妻间之,伯奇遂放。(颜氏家训·后娶,31)

在《搜神记》中,助动词"合"出现了3次,都表盖然。但据汪绍楹先生的校注,这三例所在的章节均"未见各书引作《搜神记》",它们也许并非干宝的原文。这三例是:

(12)若问汝,汝但拜之,勿言。必合有人救汝。(搜神记54条)

(13)吕望钓于渭阳,文王出游猎。占曰:"今日猎得一兽,非龙非螭,非熊非黑。合得帝王师。"(同上229条)

(14)希惊曰:"酒之美矣,而致醉眠千日,今合醒矣。"(同上447条)

助动词"合"的发展途径与助动词"应"一致,是由"符合、适合"义转化而来。义为"符合、适合"的例子如:

(15)通乎道,合乎德,退仁义,宾礼乐,至人之心有所定矣。(庄子·天道,216)

## 6.11 欲、欲得

"欲、欲得"表必要,在《齐民要术》中多见,基本是从情理而言的。例如:

(1)以相著为限,大都欲小刚,勿令太泽。(造神曲并酒,490)

(2)饭欲刚,不宜弱。(作鱼鲊,573)

(3)书厨中欲得安麝香、木瓜,令蠹虫不生。(杂说,227)

(4)花地欲得良熟。二月末三月初种也。(种红蓝花、栀子,364)

(5)马:头为王,欲得方;目为丞相,欲得光;脊为将军,欲得强;腹胁为城郭,欲得张;四下为令,欲得长。(养牛、马、驴、骡,386)

"欲得"这种形式的出现,可能是受"可得、能得、当得、宜得、应得"等形式的类推而产生的。后五种形式在先秦两汉的例子如:

(6)不捷,参之肉将在晋军,可得食乎?(左传·宣12年,729)["可"表可能]

(7)二世曰:"丞相可得见否?"乐曰:"不可。"(史记·秦始皇本纪,274)["可"表许可]

(8)其后遣使,昆明复为寇,竟莫能得通。(史记·大宛列传,3171)

(9)今之故宋,推求其嫡,久远不可得;虽得其嫡,嫡之先已绝,不当得立。(汉书·梅福传,2926)["当"表应当]

(10)吾历数云:白净王子福应圣王,不乐荣位,当得作佛。(中本起经,4/150a)["当"表盖然]

(11)使宰我性不善,如朽木、粪土,不宜得入孔子之门,序在四科之列。(论衡·问孔,405)

(12)佛复惟曰:"甘露当开,谁应次闻?郁头蓝弗次应得闻。"(中本起经,4/147c)

在六朝,还能见到"足得、办得、容得"等形式,例如:

(13)今力不足以拒敌,听当固守汉、乐二城,遇贼令入,比尔间,涪军足得救关。(三国志·蜀志·王平传,1050)

(14)我今大利,得见此兽,可杀取皮,以用上王,足得脱贫。(贤愚经,4/438b)

(15)太尉昨与臣言,说炳之有诸不可,非唯一条,远近相崇畏,震动四海,凡短人办得致此,更复可嘉。(宋书·庾登之传,1519)

(16)至于钻燧既同,天地亦变,容得无感乎?(南齐书·礼下,

163)

以上这些"~得"中的"得"多含有达成的意味,有实际意义,但"欲得"中的"得"没有实义,因此我们把"欲得"视为一个助动词。

## 6.12 须

这一时期有"事须"一语。蒋礼鸿(1997:464)说:"'事须'、'事必',是由'于事,必须……'凝缩而成的形式。""事须"中的"须",都指事实上需要,表条件必要。例如:

(1)谷𪏭生食,事须成熟,是以庶民办作食调。(贤愚经,4/403b)

(2)唯是道人极似多食,与如许麨,犹嫌少小。然我已请,事须供给。(杂宝藏经,4/467a)

(3)安不忘危,古人所戒,五兵之器,事须充积,经造既殷,非众莫举。(魏书·世宗纪,208)

(4)我兵既少,不可力战,事须为计以离隙之。(魏书·侯渊传,1787)

下例"不须"指不必要,"须"表条件必要:

(5)女见复问:"欲作何等?"告言:"为汝作衣。"白父母言:"我此所著,悉已具足,更不须作。唯愿听我时往佛所。"(贤愚经,4/383b)

这一时期,"不须"可表阻止或劝戒,义为"不要"。蔡镜浩(1990:26)提到这种用法。现转引三例如下:

(6)刘子扬与肃友善,遗肃书曰:"……近郑宝者,今在巢湖,拥众万余,处地肥饶,庐江间人多依就之,况吾徒乎?观其形势,又可博集,时不可失,足下速之。"……瑜谓肃曰:"……吾方达此,足下

不须以子扬之言介意也。"(三国志・吴志・鲁肃传,1268)

(7)穬麦,非良地则不须种。(齐民要术・大小麦,126)

(8)显达谓其子曰:"麈尾扇是王谢家物,汝不须捉此自逐。"(南齐书・陈显达传,490)

下面是一例佛典中的例子:

(9)魔子即便前谏父言:"菩萨清净,超出三界,神通智慧,无不明了,天龙八部咸共称赞。此非父王所能摧屈,不须造恶自招祸咎。"(过去现在因果经,3/639c)

表阻止或劝戒的"不须"带祈使语气,传达说话的人的态度,与义为"不必要、不需要"的"不须",语义差别明显。这类"不须"中的"须",是道义类助动词;义为"不必要"的"不须"中的"须",是条件类助动词。

道义类助动词可以是从情理而言的,比如表应当的"应、当、合"等等;也可以表示说话人的指令,比如助动词"许、准"以及现代汉语的"不要",这时候,句子往往带有祈使语气(见1.4节)。情理上必要,与客观条件必要很难区分,因为客观条件必要,则往往意味着情理上也是必要的。就表必要而言,道义类与条件类的区分标志主要在于是否带祈使语气,带祈使语气则属道义类。"不须、不要、不用(甭)"等词语,带祈使语气则表阻止或劝戒,不带祈使语气则表不必要,区别明显。

## 6.13 烦、劳

以否定和反诘用法出现,表客观上不必要,为条件类助动词。助动词"烦、劳"的产生,与助动词"容"类似。"烦、劳"作一般动词,所出现的完整的句法格式为:$NP_1$烦/劳 $NP_2$ VP。例如:

(1)我遭困厄,劳烦主人恒供养我。(贤愚经,4/413a)

类似例(1)的句子,"烦、劳"只能视为一般动词。

当"烦、劳"以否定和反诘用法出现时,$NP_1$、$NP_2$常常省略,这时

"不烦、不劳"等形式可以理解为"不必"。例如：

(2) 罗君章曾在人家，主人令与坐上客共语，答曰："相识已多，不烦复尔。"(世说新语・方正56条)

(3) 斫后复生，不劳更种，所谓一劳永逸。(齐民要术・种榆、白杨,342)

下例"无烦"之前出现了 NP₂，"烦"只能视为助动词：

(4) 王右军郗夫人谓二弟司空、中郎曰："王家见二谢，倾筐倒庋；见汝辈来，平平尔。汝可无烦复往。"(世说新语・贤媛25条)

下例"不劳"义为"不必"，"劳"已失去了本义，也只能视为助动词：

(5) 种禾豆，欲得逼树。不失地利，田又调熟。绕树散芜菁者，不劳逼也。(齐民要术・种桑、柘,318)

## 6.14 用

只以否定用法出现。缪启愉(1998:178)在《齐民要术》的校注中说："'不用'……是不要、不可以之意,《要术》常用词。"蔡镜浩(1990:27—28)有例证。我们再举几例：

(1) 入水中，不用停久，寻宜驱出。(养鹅、鸭,456)

(2) 凡破肉，皆须顺理，不用斜断。(脯腊,579)

(3) 行欲小掎角，不用正相当。(种桑、柘,317)

(4) 头不用多肉。臀欲方。尾不用至地；至地，劣力。尾上毛少骨多者，有力。(养牛、马、驴、骡,417)

(5) 明年正月，移而栽之。率五尺一根。未用耕故。凡栽桑不得者，无他故，正为犁拨耳。(种桑、柘,317)

前三例"不用"可以理解为带祈使语气、表阻止或劝戒的"不要"，但后两例不能作此理解，因此，确切地说，"不用"的意思是"不可、不能"，表情理上不许可,而非"不要"。

现代汉语"甭"可表阻止或劝戒,义同"别、不要",如"甭废话";由于《齐民要术》中的"不用"义为"不可、不能"而非"不要",因此,这个"不用"并非现代汉语"甭"的来源。

在《搜神记》中有一例"勿用"、一例"不用":

(6)淮南全椒县有丁新妇者,……其姑严酷,使役有程,不如限者,仍便笞捶不可堪。九月九日,乃自经死。遂有灵响,闻于民间。发言于巫祝曰:"念人家妇女,作息不倦,使避九月九日,勿用作事。"……九月九日,不用作事,咸以为息日也。(搜神记97条)

"勿"的修饰说明"勿用"义为"不可、不能"而非"不必";"不用"承"勿用",也是"不可、不能"的意思。

除《搜神记》与《齐民要术》以外,在我们调查的其他文献中,这种"不用"只在《宋书》中出现了一例,同样义为"不可、不能",此例蔡镜浩(同上)已引用。

# 7. 魏晋南北朝时期的助动词系统(下)

本章讨论两个问题:一是表必要的助动词"要"的产生过程,二是六朝时期助动词的连用形式。

## 7.1 要

表必要的助动词"要"来源于副词义"终究、总归、总之、无论如何"等,下面先谈副词"要"。

### 7.1.1 义为"终归、总之"等的副词"要"

"要"在先秦有"要领、关键"以及"概括"二义,①这两个意思是相通的,"概括"即提纲挈领地说。

名词"要"通过组合范围的扩大,产生出"终归、总之"等意思。先看"要在"的例子:

(1)本在于上,末在于下;要在于主,详在于臣。(庄子·天道,209)

(2)老聃中其说,曰:"大谩,愿闻其要。"孔子曰:"要在仁义。"(同上,213)

---

① "要"的"要领、关键"义可能来源于"要"的本义"腰"。董志翘、蔡镜浩(1994:576)说:"《说文》:'要,身中也。'本为'腰'之古字。因人的腰乃全身之要害部位,故引申之,则有'要害'、'关键'之义。"《礼记·檀弓下》:"是全要领以从先大夫于九京也。"孔颖达疏:"领,颈也。古者罪重要斩,罪轻颈刑。"腰、领是受刑的部位,所以非常"要害"。

(3)今夫塞者,勇力时日卜筮祷祠无事焉,善者必胜。立功名亦然,要在得贤。(吕氏春秋·察贤)

(4)楚悼王素闻起贤,至则相楚。明法审令,捐不急之官,废公族疏远者,以抚养战斗之士。要在强兵,破驰说之言从横者。(史记·孙子吴起列传,2168)

(5)夫明据下起,忠依上成。二人同心,则利断金。能如此者,两誉俱具。要在于明操法术,自握权秉而已矣。(潜夫论·明忠)

"要在"的"要"都可以理解为"要领、关键",但一旦"要"与"曰、用、取"等动词连用为"要曰、要用、要取"等形式,"要"就只能视为副词,义为"终归、总之"等。"要曰、要用、要取"等形式较早见于汉代,例如:

(6)要曰强本节用,则人给家足之道也。(史记·太史公自序,3291)

(7)其治要用黄老术,故相齐九年,齐国安集,大称贤相。(史记·曹相国世家,2029)

(8)倾侧巧文,要取便身利己,而非独忧国之大计,哀民之死亡也。(潜夫论·实边)

再看"要之"的例子:

(9)形势虽强,要之以仁义为本。(史记·汉兴以来诸侯王年表,803)

(10)要之,此两人真倾危之士哉!(史记·张仪列传,2304)

(11)言吕尚所以事周虽异,然要之为文武师。(史记·齐太公世家,1478)

杨树达《词诠》举了前两例,认为"要之"中的"要"是外动词,义为"总也","要之"犹今言"总而言之"。中国社会科学院语言研究所古代汉语研究室编《古代汉语虚词词典》也举了前两例,但认为"要之"是由副词"要"与助词"之"组成的惯用词组,义为"总而言之、总之"。"要之"的

"要"一开始一定是动词,义为"概括","要之"就是"概括言之"。只是由于后来"要"发展为了副词,并且运用得越来越多,"要之"也就随之可理解为副词性的惯用词组。

义为"终归、总之"等的"要",刘淇《助字辨略》称之为"总举之辞",《词诠》称之为"副词,总也"。副词"要"较早出现于汉代①,如上文例(6)—(8),又如:

(12)然要言《易》者本于杨何之家。(史记·儒林列传,3127)

(13)如陶家作器,……要会当坏。人身亦如是,……要会当死。(道地经,15/1225a)

(14)何等为喘?何等为息?何等为气?何等为力?何等为风?制者为意息,为命守为气,为视听风,为能言语从道屈伸力,为能举重瞋恚也。要从守意得道。何缘得守意?从数转得息,息转得相随,止观还净亦尔也。(大安般守意经,15/169b)

(15)何谓为苦?生苦老苦病苦死苦、忧悲恼苦、恩爱别苦、怨憎会苦、所求失苦。要因五阴,受盛为苦。(中本起经,4/148c)

(16)黄泉下兮幽深,人生要死,何为苦心!(汉书·武五子传,2762)

(17)相与谋曰:"西域诸国颇背叛,匈奴欲大侵,要死。可杀校尉,将人众降匈奴。"(汉书·西域传下,3926)

《助字辨略》举了例(17),认为"此云'要死',犹陈涉云'等死',若云总之是死,不如降匈奴也"。《词诠》也将例(17)归在"要"的副词用法"总也"之下。

下面是六朝时期副词"要"的例子:

---

① 这类"要"《助字辨略》《词诠》认为《周易》已有一例:"亦要存亡吉凶,则居可知矣。"(系辞下)此例的上文有"《易》之为书也,原始要终,以为质也"一句,"原始要终"中的"要"是"探求"的意思,"要存亡吉凶"中的"要",也还是"探求"的意思。

(18)天下虽未悉定,吾当要与贤士大夫共定之。(三国志·魏志·武帝纪,28)

(19)畿报曰:"郡合部曲,本不为叛,虽有交搆,要在尽诚;若必以惧,遂怀异志,非畿之所闻。"(三国志·蜀志·杨戏传,1089)

(20)相国位势,诚为尊贵,然要是魏之宰相,吾等魏之三公;公、王相去一阶而已,班列大同,安有天子三公可辄拜人者!(《三国志·魏志·三少帝纪》注引《汉晋春秋》,150)

(21)小人还项,复遇王基等十二军,追寻毌丘,进兵讨之,即时克破,所向全胜,要那后无继何?(《三国志·魏志·毌丘俭传》注引《钦与郭淮书》,767)

(22)今之少年,喜谤前辈,或能讥平孝章;孝章要为有天下大名,九牧之民所共称叹。(《三国志·吴志·孙韶传》注引《会稽典录》,1214)

(23)臣松之以为张鲁虽有善心,要为败而后降,今乃宠以万户,五子皆封侯,过矣。(《三国志·魏志·张鲁传》注,265)

(24)且此人不死,要应显达为魏,竟是谁乎?(《三国志·蜀志·诸葛亮传》注,918)

(25)如其果然,以传子孙,纵非六玺之数,要非常人所畜,孙皓之降,亦不得但送六玺,而宝藏传国也。(《三国志·吴志·孙坚传》注,1100)

(26)我若不得阿耨多罗三藐三菩提,又复不能转于法轮,要不还与父王相见。若当不尽恩爱之情,终不还见摩诃波阇波提及耶输陀罗。(过去现在因果经,3/633a)

(27)汝但安眠,勿生此虑。要不令汝有不祥事。(同上,3/632c)

下面是东汉至六朝时期"要当"的一些例子,这些"要当"中的"要",

也是副词:

(28)今当随从,供给所须。不可独还,放马令去。山中多有毒虫虎狼师子,谁当供养饮食水浆床卧之具?当何从得?要当随从,与并身命。(修行本起经,3/468a)

(29)将军坚守旷日,袁绍要当自退;自退之后,四方之众必复可合也。(三国志·魏志·公孙瓒传,244)

(30)虽疑本营与叛者同谋,要当闻行者变,乃发之。(三国志·魏志·赵俨传,669)

(31)吾终不留,吾要当立效以报曹公乃去。(三国志·蜀志·关羽传,940)

(32)许攸说绍曰:"公无与操相攻也。急分诸军持之,而径从他道迎天子,则事立济矣。"绍不从,曰:"吾要当先围取之。"(《三国志·魏志·武帝纪》注引《汉晋春秋》,20)

(33)与足下州里人,今虽小违,要当大同,欲相与善语以别。(《三国志·魏志·董卓传》注引《九州春秋》,183)

(34)卿等笑我,直以我女弱不能杀寿故也。要当以寿颈血污此刀刃,令汝辈见之。(《三国志·魏志·庞淯传》注引《列女传》,549)

(35)轸字文才,性急,预宣言曰:"今此行也,要当斩一青绶,乃整齐耳。"(《三国志·吴志·孙坚传》注引《英雄记》,1098)

(36)潘云:"可作耳,要当得君意。"(世说新语·文学70条)

(37)男儿要当死于边野,以马革裹尸还葬耳。(后汉书·马援传)

(38)大王既勒令作朋友,要当自竭我所知见。(过去现在因果经,3/630b)

(39)尔时愚人闻此语已,即自思念:"若不得留,要当葬者,须

更杀一子,停担两头,乃可胜致。"(百喻经·子死欲停置家中喻)

(40)此人深思:宁为毒蛇螫杀,要当怀去。(百喻经·得金鼠狼喻)

(41)生民之本,要当稼穑而食,桑麻以衣。(颜氏家训·治家,43)

下例"要"与"当"被分隔开了:

(42)卿忘前时所言邪,而更云可不须行乎?虽尔,此言不可宣也。我要自当以信义待人,但人不当负我,我岂可先人生心哉!(三国志·魏志·钟会传,794)

### 7.1.2 副词"要"向表必要的助动词"要"的转化

上文所举副词"要"的例子中,有的"要"可以理解为"终归、一定",但有的"要"只能理解为"终归",不能理解为"一定"。如果"要"后面的VP表示的是过去的动作,"要"不能理解为"一定"。例如:

(43)其治要用黄老术,故相齐九年,齐国安集,大称贤相。(同例7)

(44)臣松之以为张鲁虽有善心,要为败而后降,今乃宠以万户,五子皆封侯,过矣。(同例23)

(45)尔时夫者,今日夫是;尔时妇者,今日妇是。夫以尔时遮妇之故,恒常贫穷,以还听故,要因其妇,得大富贵;无其妇时,后还贫贱。善恶业追,未曾违错。(杂宝藏经,4/458c)

可以理解为"终归、一定"的副词"要",有以下两种情况:一是表示就主观判断而言,最终会怎么样。例如:

(46)黄泉下兮幽深,人生要死,何为苦心!(同例16)

(47)将军坚守旷日,袁绍要当自退;自退之后,四方之众必复可合也。(同例29)

这个意思,如果不强调"最终",即不强调过程,则"要"只能理解为"一定",不能再理解为"终究、总归"。例如:

(48)卿试掷地,要作金石声。(世说新语·文学86条)

类似上例的"要"很少见,因此我们不把"一定"义独立出来。

二是表示就个人意志或事理而言,无论如何都要、一定要做某事。这个意思多出现在"要当"的组合中,例如:

(49)卿等笑我,直以我女弱不能杀寿故也。要当以寿颈血污此刀刃,令汝辈见之。(同例34)

(50)男儿要当死于边野,以马革裹尸还葬耳。(同例37)

在"要须""要宜"的组合中这个意思也很明显,例如:

(51)天下未宁,要须良臣以镇边境。(三国志·魏志·蒋济传,451)

(52)然人情难保,要宜考核,两验其实。(三国志·魏志·和洽传,656)

如果上下文没有明显强调"无论如何、一定"的意味,则"要"很容易被理解为表必要。例如:

(53)汉数使使者风谕婴齐,婴齐尚乐擅杀生自恣,惧入见要用汉法,比内诸侯,固称病,遂不入见。(史记·南越列传,2971)

(54)道人欲得道,要当知坐行二事,一者为坐,二者为行。(大安般守意经,15/166a)

(55)我子端正,容貌无伦,要当推求选择名女。形容色状,殊姿越群,金容妙体,类我儿者,当往求之。(贤愚经,4/384c)

(56)春采者,必须长梯高机,数人一树,还条复枝,务令净尽;要欲旦、暮,而避热时。(齐民要术·种桑、柘,318)

(57)欲令生大鱼法:要须载取薮泽陂湖饶大鱼之处、近水际土十数载,以布池底。(齐民要术·养鱼,461)

以上所举五例,"要"的"无论如何、一定"义比较淡薄。

表必要的助动词"要"在南北朝已有一些例子,例如:

(58)王浑妻钟氏生女令淑,武子求简美对而未得,有兵家子有俊才,欲以妹妻之,乃白母。曰:"诚是才者,其地可遗,然要令我见。"(世说新语·贤媛12条)

(59)虽有身手,不能自运,要假他力,然后坐起。(过去现在因果经,3/630a)

(60)若先得闻诸妙法者,要相开悟,无得悋惜。(同上,3/652a)

(61)吾年衰迈,唯余一儿,为之纳妇,要令殊胜。(贤愚经,4/399a)

(62)时婆罗门到家从乞,国法施人,要令童女持物布施。(同上,4/418b)

(63)我受师教,要七日中满得千指,便当得愿,生于梵天。(同上,4/424a)

(64)遂敕国中:一切诸女欲出行时,要先从我,尔乃然后听往从夫。(同上,4/427a)

(65)煮胶法:煮胶要用二月、三月、九月、十月,余月则不成。(齐民要术·煮胶,679)

(66)神酢法:要用七月七日合和。……水多少,要使相腌渍。(齐民要术·作酢法,554)

(67)切脍人虽讫亦不得洗手,洗手则脍湿;要待食罢,然后洗也。(齐民要术·八和虀,569)

(68)今秋取讫,至来年更不须种,自旅生也。唯须锄之。如此,得四年不要种之,皆余根自出矣。(齐民要术·伐木,381)

(69)数日复尝,醑盛壮,酒仍苦者,亦可过十石米,但取味足而已,不必要止十石。(齐民要术·笨麴并酒,506)

(70)然麦粥自可御暑,不必要在寒食。(齐民要术·醴酪,644)

(71)五月湿热,蠹虫将生,书经夏不舒展者,必生虫也。五月十五日以后,七月二十日以前,必须三度舒而展之。须要晴时,于大屋下风凉处不见日处。(齐民要术·杂说,228)

例(68)"要"前出现了否定词"不",例(69)(70)"要"位于"不必"之后,例(71)"要"出现于"须"后,这四例"要"已不可能是副词。

表必要的助动词"要"可分为两类:一是客观条件必要,如例(59)(68)等;二是道义上必要,如例(58)(64)。当然,二者有难以区分的情况。6.12节曾指出:道义必要与条件必要的区分标志主要在于是否带祈使语气,带祈使语气则属道义类。例(58)(64)带有祈使语气,与例(59)(68)区别明显。另外,例(68)"不要"义为"不需要",与表阻止或劝戒的"不要"意义相差很大,但在这一时期,我们还没有发现带祈使语气的"不要"的例子。

## 7.2 助动词的连用形式

这一时期的助动词的连用形式,柳士镇(1992:128—131)考察得比较完备,并举有例子。我们将补充一些柳先生没有提到的连用形式,并说明连用形式的意义。

足可[①]、可足　表条件可能。例如:

---

[①] 下两例"足可"应分析为"(何足)可悲、(无足)可称":
　　崩于江浦,何足可悲!(三国志·蜀志·吕凯传,1047)
　　钦在河西,撰《蒙逊记》十卷,无足可称。(魏书·宗钦传,1157)
下两例是汉代和唐五代的例子,"何足可V"同样应分析为"(何足)可V":
　　其以一饭与文殊师利,若有三千大千一切人索饭食者,悉能饱之,其食不尽索,是二万三千人何足可忧? 是故勿以为难。(阿阇世王经,15/399c)
　　子胥狂语,何足可观!(变文·伍子胥变文,2)

聚落墟聚,足可达知。(生经,3/92a)

馆宇既修,生房粗构,博士见员,足可讲习。(魏书·郑道昭传,1242)

以此推之,可足知矣。(贤愚经,4/400c)

**足能、足任** 表条件可能。"足任"很少见。例如:

卿所典藏,谷食多少?更有千人,亦欲设供,足能办不?(贤愚经,4/386c)

比来众师神术显变,今察奇妙,足任伏彼。(同上,4/361b)

**堪能** 表条件可能。例如:

今者若能弃舍苦乐,行于中道,心则寂定,堪能修彼八正圣道,离于生老病死之患。(过去现在因果经,3/644b)

灵助本寒微,一朝至此,自谓方术堪能动众。(魏书·刘灵助传,1959)

**堪任** 表条件可能。例如:

若今世尊赐我三愿,我乃堪任为佛侍者。(贤愚经,4/404c)

世人行恶,必不执顺,若加刑罚,罪我不少。若能率民普行十善,我乃堪任领受国事。(同上,4/364a)

**容可、容能** "容可"表条件可能。例如:

臣松之按《魏书》:公军八月至潼关,闰月北渡河,则其年闰八月也,至此容可大寒邪!(《三国志·魏志·武帝纪》注,36)

睦父子之至,容可悉共逃亡,而割其天属,还相缚送,螫毒在手,解腕求全,于情可愍,理亦宜宥。(宋书·何尚之传,1733)

安丰、临淮将少弱卒,规复此城,容可得乎!(魏书·鹿悆传,1763)

"容能"表主观推测的可能(认识类),义为"或许、可能",例见方一新(1997:118)。

应可、可应、当可、合可、宜可 "应、当、合、宜"表应当,"可"表许可(道义许可或条件许可。有时实表建议、请求等,参见 6.9.1 节)。例如:

今日法海已满,法幢已立,润济开导,今正是时。又诸众生应可度者亦甚众多,云何世尊欲入涅槃,使此萌类永失覆护?(贤愚经,4/349a)

彼国王薨,无有太子可嗣立者。众人议言:"当求贤士以为国主。"募人四出,选择国内可应立者。(生经,3/88c)

王长史道江道群:"人可应有,乃不必有,人可应无,已必无。"(世说新语·赏誉84条)

遂白父言:"父今可应远行学读,使知经论。"(杂宝藏经,4/455c)

父转年大,教告诸子当可施行,护身口意,布恩施德。(生经,3/100b)

方今皇猷载晖,旧域光被,诚应综核暴度,以播维新。承天历术,合可施用。(宋书·律历中,264)

"宜可"在六朝时较常见。例如:

后主使群臣会议,计无所出。或以为蜀之与吴,本为和国,宜可奔吴;或以为南中七郡,阻险斗绝,易以自守,宜可奔南。(三国志·蜀志·谯周传,1030)

尧舜时旧有此官,今天降印,宜可复置。(搜神记239条)

今亦遣兵,当来杀王,宜可避之。(贤愚经,4/356b)

我和上舍利弗今来在此欲般涅槃,诸欲见者宜可时往。(同上,4/387c)

今我家业所以谐富,由此树神恩福故尔。今日汝等宜可群中取羊以用祭祠。(杂宝藏经,4/492b)

## 7. 魏晋南北朝时期的助动词系统（下）

**应当、当应** 已见于东汉，但只表应当。这一时期"应当"发展出了表盖然的意思，例如：

法当崩败，法应当坏，欲使不尔，终不可得。（生经，3/80b）

舍利弗所游之处，佛心则安，不以为虑。应当别离，坏败无常。（同上，3/80b）

诸善人生与悲俱生，大德今生，亦应当与大悲俱生。（贤愚经，4/379c）

"当应"仍只见表应当的例子。表应当的"应当、当应"柳士镇先生举有例子。

**宜当、当宜** 表应当。"宜当"东汉已出现，这一时期，在《三国志》《搜神记》《贤愚经》《宋书》中都有例子。例如：

太祖诘群臣，群臣咸言宜当密之。（三国志·魏志·董昭传，440）

此名犀犬，得之者，令家富昌。宜当养之。（搜神记302条）

在所考察的10部主要文献中均未见"当宜"，它在《三国志》裴注中出现了一例，此例柳士镇先生已引用。

**宜应** 表应当。这一时期常见。例如："我今有缘，宜应先行"（过去现在因果经，3/621c）、"太子今者年已长大，宜应为其访索婚所"（同上，3/629b）、"是故行人，宜应念善"（杂宝藏经，4/494b）、"今既改用《元嘉历》，漏刻与先不同，宜应改革"（宋书·律历下，285）、"陛下躬览篇籍，研核是非，衅兆之萌，宜应深察"（宋书·谢晦传，1357）。

**应合** 很少见。柳士镇先生举有一例。

**当须、须当** "当"表应当，"须"表必要。"当须"在《论衡》中有一例，这一时期常见，柳士镇先生举有例子。在考察的10部主要文献中，"须当"只在《三国志》中出现了2次。一例柳士镇先生已引用，另一例为：

孙策在吴,张昭、张纮、秦松为上宾,共论四海未泰,须当用武治而平之……(三国志·吴志·陆绩传,1328)

宜须、应须　义同"当须"。柳士镇先生举有例子。

## 7.3　小结

六朝时期,新产生了助动词"好、堪、任、办、要";"不可"合音为"叵";"烦、劳、用"也是新产生的助动词,但只以否定义出现;"中、容、合"可以上推到先秦或两汉,但直到六朝才广泛运用。这一时期,新出现了很多助动词的连用形式。

这一时期,条件类助动词有:能、得、足、足以、肯、中、好、堪、任、办、容、可、叵、可以(表可能);须、要(表必要);烦、劳(用于否定和反诘,表不必要)。

道义类助动词有:可、可以、得、容(表许可);用(用于否定,表不许可);宜、当、应、合(表应当);须、要、欲、欲得(表必要)。

认识类助动词有:容(表可能);宜、当、应、合(表盖然)。[①]

估价类助动词有:足、足以、可、叵、堪。

---

① 这一时期,下面三类词语也可义为"可能、或许",表认识类可能性:一是单音节副词,如"殆、或、傥、脱";二是副词与副词的组合,如"傥或、脱或";三是副词、助动词的组合,如"或能、脱能、傥能、或容;容或"。表达认识类必然性的副词有"必、定、必定、决定"。

# 8. 唐五代时期的助动词系统

所考察的文献材料如下：王梵志诗[①]、《六祖坛经》、张鷟撰《游仙窟》及《朝野佥载》、《神会语录》、寒山拾得诗、圆仁(794—864)著《入唐求法巡礼行记》(省称为《入唐求法》)、《敦煌变文校注》(黄征、张涌泉校注)、《祖堂集》。其中，《六祖坛经》、《游仙窟》、《神会语录》据《近代汉语语法资料汇编》(唐五代卷)。

## 8.1 能、得、足

助动词"能"表条件可能。"得"也可表条件可能。仅各举一例如下：

(1)申时，到邵村浦，下碇系住——当于陶村之西南——拟入于澳，逆潮遄流，不能进行。(入唐求法卷二，152)

(2)七月一日，晓潮落，不得进行。……未时，泛艇从海边行，渐觅江口。终到大江口，逆潮遄流，不可进行。(同上卷一，8)

"得"还可以表许可，用于肯定则多表准许，用于否定则多表禁令；表许可的"可、可以"多指情理上许可。这种区别，在两汉已基本形成(参见5.2节)。"得"表许可，举两例如下：

(3)沈弁来，助忱迟发。便问："殊蒙相公牒，得往台州否？"(入

---

[①] 据项楚先生《王梵志诗校注·前言》，王梵志诗并非一人所作。《校注》卷一、二、三、五主要创作在初唐时期，这也是王梵志诗的核心部分；卷四编写于晚唐时期；卷六包含了从盛唐至宋初时期的作品；卷七主要是盛唐时期的作品。

唐求法卷一,98)

(4)又苏州嘉兴令杨廷玉,则天之表姪也,贪狠无厌,著词曰:"……阿姑婆见作天子,傍人不得桭触。"(朝野佥载卷二,37)

这一时期,作补语的"得"有表许可的例子:

(5)昨者母亲下世,只有姊,独自无人看侍,争抛得?(祖堂集卷三,一宿觉和尚)

(6)金屑虽贵,眼里著不得。(同上卷十六,南泉和尚)

(7)师问德山:"远闻德山一句佛法。及至到来,未曾见和尚说一句佛法。"德山云:"嫌什摩?"师不肯,当时便发去。后到洞山,只问前话。洞山云:"争怪得专甲?"(同上卷八,龙牙和尚)

(8)又因一日峰见师,便拦胸把云:"尽乾坤是个解脱门。把手拽教伊入,争奈不肯入!"师云:"和尚怪某甲不得。"(同上卷十,安国和尚)

例(5)为"V得",例(6)为"V不得",例(7)为"V得O",例(8)为"VO不得"。这种作补语的"得"表情理上许可,与表许可的助动词"得"意义略有差别。①

"足"可表条件可能,义为"足够"②;也可表估价。这是先秦以来的用法。各举一例如下:

---

① 也有个别作补语的"得"表示准许,义同于表许可的助动词"得":
　　须史之间,敢(感)得帝释化身下来,作一个崔相公使下,直至口马行头,高声便唤口马牙人:"此个量口并不得诸处货卖,当朝宰相崔相公宅内,只消得此人。若是别人家,买他此人不得。"(变文·庐山远公话,257)

② 这一时期,表条件可能的"足"还可义为"能够";"能够"与"足够"相比,失去了对"数量"的强调。例如:
　　其舶广棚离脱,涂水殆满。随潮生潮落,舶里涸沈,不足为渡海之器。(入唐求法卷一,31)

蒋绍愚(1980;86)举有唐诗中义为"能够"的"足"的例子。转引两例如下:
　　华亭鹤唳讵可闻,上蔡苍鹰何足道。(李白《行路难》)
　　慷慨成丑士,风云何足论。(李白《赠宣城太守》)

(9)其金刚乃头圆像天,天圆祇堪为盖;足方万里,大地才足为钻。(变文·降魔变文,564)

(10)所施轻少,不足言谢。(入唐求法卷二,249)

在所调查的文献中未发现"足以"一词。它在实际语言中应该是存在的,因为在六朝及宋代都有"足以"一词。

## 8.2 解

这一时期,"解"由一般动词"懂得、知晓"转化为助动词。下面是一般动词的例子:

(1)可笑世间人,为言恒不死。贪悭不知休,相憎不解止。(王梵志诗卷七 377 首)

(2)大安国寺有元简阇梨,解金刚界好手,兼解悉昙,解画,解书梵字。(入唐求法卷三,349)

(3)何人不解爱荣华,猛利身心又好夸。(变文·长兴四年中兴殿应圣节讲经文,623)

(4)谁人解讲《法花经》? 万劫千生终不负。(变文·妙法莲华经讲经文一,706)

(5)能谈妙法邪山碎,解讲真经障海隈。(变文·维摩诘经讲经文七,915)

下面几例出自变文。"解"的主语为无生命物,已转化为助动词,表条件可能,义为"能够":

(6)四者、喻如江海,能通万斛之船。……七者、喻如路迳,解通往来之人。(庐山远公话,265)

(7)每遇慈尊转法轮,圣贤违逸(围绕)紫金身。慈风解熟修来果,甘露能清忘(妄)起尘。(长兴四年中兴殿应圣节讲经文,620)

(8)衙前乐部好笙歌,音乐清泠解合和;花下爱潅(催)《南浦

子》,延(筵)中偏送《剪春罗》。(妙法莲华经讲经文,719)

(9)千般罗绮能签眼,万种笙歌解割肠。(维摩诘经讲经文一,769)

(10)师子乳能除假乳,信诚心解遣邪心。(双恩记,925)

## 8.3 肯

可表条件可能,义为"能够",这是沿用东汉以来的用法。例如:

(1)朝夕乞麨时,百年谁肯保。使者门前唤,手脚婆罗草。(王梵志诗卷五291首)

(2)太子园必宽广,林木繁稠。平地与布黄金,树枝银钱遍满。假使顷(倾)仓竭库,必无肯置之期。(变文·降魔变文,557)

(3)每念田家四季忙,支持图得满仓箱。发于鬓上刚然白,麦向田中方肯黄。(变文·长兴四年中兴殿应圣节讲经文,621)

(4)也似机关傀儡,皆因绳索抽牵,或舞或歌,或行或走,曲罢事毕,抛向一边,直饶万劫驱遣,不肯行得。(变文·维摩诘经讲经文三,834)

"肯"还可义为"会",表主观推测的可能性,属认识类助动词。下面是张相(1955:231)所举的例子:

(5)春至由来发,秋还未肯疏。(上官昭容《奉和剪䌽花》)[张相曰:言至秋而不会凋疏也。]

(6)丈夫生儿有如此二雏者,名位岂肯卑微休!(杜甫《徐卿二子歌》)

(7)人间纵道铅华少,蝶翅新篁未肯无。(陆龟蒙《自遣》)

上三例"肯VP"中的VP对于当事者来说都是消极的、否定的,因此可以判定这几例"肯"义为"会"。

## 8.4 敢

"敢"可表条件可能,义为"能够",但例子很少。① 例如:

(1)太子是四生慈父,睡眠不敢侵身。(变文·太子成道变文三,492)

(2)非空饭味人人足,兼得衣裳日日多。五百贫夫皆饱暖,阿谁福力敢如他。(变文·双恩记,941)

## 8.5 中

表条件可能,义为"适合、能够",但出现较少。例如:

(1)急手深埋却,臭秽不中停。(王梵志诗卷五 261 首)
(2)男女五六个,小弱未中使。(同上卷五 295 首)

## 8.6 好

助动词"好"在六朝用例很少,这一时期较常见。可表条件可能,义为"适合、能够"。例如:

(1)独步石可履,孤吟藤好攀。(寒山诗 165 首)
(2)寒山无漏岩,其岩甚济要。八风吹不动,万古人传妙。寂寂好安居,空空离讥诮。孤月夜长明,圆日常来照。(同上 303 首)
(3)半作幡身半作脚,挂在空中惊鸟雀。行住坐卧思量著,只

---

① 张相(1955:35)举到陶潜《荣木》诗:
脂我名车,策我名骥,千里虽遥,孰敢不至。
此例"敢"义为"会",这是一个很特殊的例子。

好把与穷汉做袄著。(寒山诗佚 8 首)

(4)察(辽)阳城兵马下,今年大好经记(纪)。阿耶暂到辽杨(阳),沿路觅些些宜利。(变文·舜子变,200)

(5)日初落今天地清,日初出今天地朗。此时礼拜归依,功德感招无量。晨朝清爽好追寻,砌上庭前雾色侵。(变文·妙法莲华经讲经文三,732)

(6)转精勤,莫容易,夜靖(静)三更思妙理。此时礼拜佛兼僧,最好将身求出离。(同上,733)

(7)或是僧,伽蓝住,古貌慢慢如龙虎。清宵寺宇好安身,限来也[被无常取]。(变文·解座文汇抄,1172)

(8)问:"万里无云犹是傍来日,如何是本来日?"师曰:"今日好晒绫。"(祖堂集卷五,道吾和尚)

(9)师到石霜,将锹子向法堂前过来过去。霜云:"作什摩?"师云:"觅先师灵骨。"霜云:"洪水滔天,流浪去也。"师云:"与摩则正好著力。"(同上卷六,渐源和尚)

(10)泉州葛布,好造汗衫。(同上卷十一,睡龙和尚)

助动词"好"还可表估价。例如:

(11)大有好笑事,略陈三五个。(寒山诗127 首)

(12)声闻坐畔虽堪听,菩萨台边更好听。(变文·妙法莲华经讲经文二,719)

(13)祥云傥足堪瞻仰,瑞气攒身好咏夸。(变文·维摩诘经讲经文二,808)

## 8.7 堪

可表条件可能,义为"能够"。例如:

(1)用力磨瓴甋,那堪将作镜。(寒山诗97首)

(2)不久之会,雷电斗鸣,闻之耳塞,电光之辉不堪瞻视,大雨似流。(入唐求法卷二,162)

(3)遂出茶一斤,买得酱菜,不堪吃。(同上卷二,239)

(4)菩萨愿行教化,法王欲拟说经。此时礼拜志心,堪与众生长福。(变文·妙法莲华经讲经文三,732)

还可表估价。例如:

(5)时温子昇作《韩陵山寺碑》,信读而写其本,南人问信曰:"北方文士何如?"信曰:"唯有韩陵山一片石堪共语。……"(朝野佥载卷六,140)

(6)世间一等流,诚堪与人笑。(寒山诗286首)

(7)圣明天子堪匡佐,谩语君王何足论!(变文·捉季布传文,98)

(8)太子心中思惟:"此者一人一马,堪共修行。"(变文·太子成道变文四,496)

(9)净能奏曰:"微臣道法,皆是符籙(籙)之功,岂堪传受?"(变文·叶净能诗,339)

(10)十方虽有诸贤圣,就中此国最堪夸。(变文·佛说阿弥陀经讲经文二,685)

(11)思量浮世事堪伤,富贵娇奢不久长。(变文·妙法莲华经讲经文一,707)

(12)有相幡花何足说,无为功德始堪论。(变文·维摩诘经讲经文四,867)

(13)束发堪嗟虚受禄,佩鱼可惜乱公卿。(变文·双恩记,934)

## 8.8 容

可表条件可能。例如:

(1)未容旬日欢娱,已道某人身死。(变文・妙法莲华经讲经文一,707)

(2)未容开眼分明见,早到维摩会里来。(变文・维摩诘经讲经文七,917)

还可义为"可能、或许",表主观推测的可能性,属认识类助动词。例如:

(3)千万去,莫辞推,合是人天法眼开。辩似悬河偃不住,言如劈竹抉无推。为一切,震春雷,容见维摩与悯哀。(变文・维摩诘经讲经文六,903)

还可表许可。例如:

(4)岂敢在外谈说,妄事加诸?忝预人流,宁容如此!(游仙窟,8)["容"一本作"可"]

(5)左右闻言皆落泪:"将军今日何千次!岂容独领五千人,战敌凶(匈)奴十万骑?……"(变文・李陵变文,131)

## 8.9 可、可以、叵

助动词"可"可表条件可能、许可、估价。同六朝一样,表许可的"可"在对话中可表祈请或规劝,举两例如下:

(1)其妻董氏谏止之曰:"俊臣,国贼也,势不久。一朝事败,党附先遭,君可敬而远之。"(朝野佥载卷三,57)

(2)吴王夜梦见忠臣伍子胥一言曰:"越将兵来伐,王可思之。"

(变文·伍子胥变文,17)

在调查的文献中,助动词"可以"未见有表许可的例子。"可以"表条件可能,例如:

(3)莫言钗意小,可以挂渠冠。(游仙窟,23)

(4)此人今年身在天牢,负大辟之罪乃可以免。(朝野佥载卷一,2)

(5)众口可以铄金,灾祥自然消散。(变文·降魔变文,556)

在需要表示许可义的场合,多用"可"而非"可以"。例如:

(6)但以神会,不可以事求。(祖堂集卷六,洞山和尚)

上例"不可以事求"应分析为"不可(以事求)"。

"叵"表条件可能。例如:

(7)初中后之布施不足为多,尽十方之虚空叵知其量。(变文·降魔变文,552)

(8)过去百千诸佛,皆曾止住其中,说法度人,量尘沙而颇(叵)算。(同上,555)

## 8.10 合、应、当、宜

### 8.10.1 宜

助动词"宜"在东汉就已开始衰落。"宜"在《坛经》《神会语录》中未出现;在《入唐求法》有14次,但11次出现于敕文、判状或书信中;在《变文》中出现22次,少于"合"(144次)、"应"(152次)、"当"(56次)。总的来说,"宜"的使用不及"合、应、当"广泛。

在《入唐求法》《变文》中,"宜"出现36次。这36次"宜",33次表应当,只有3次表盖然。这3次出现于《入唐求法巡礼行记》:

(1) 相传云：乞晴闭北头者，闭阴则阳通，宜天晴也；乞雨闭南头者，闭阳则阴通，宜零雨也。（卷一，72）

(2) 户阔六尺，窟内黑暗，宜有龙潜藏矣。（卷三，292）

现举一例表应当的"宜"的例子：

(3) 言言宜稳审，句句要分明。（变文·维摩诘经讲经文三，826）

助动词"宜"的衰落，亦可从助动词的连用形式反映出来。六朝有"宜可、宜当、当宜、宜应、宜须"等多种连用形式，其中，除"当宜"外，余四种形式都较常见。但在我们所考察的这一时期的文献中，未见有"当宜、宜应"，"宜可、宜当"只在《祖堂集》卷一中各出现两次，"宜须"只在《变文》中出现一次。这一时期虽然新出现了"宜合"，但也只在《变文》中出现一次。①

## 8.10.2 当

《入唐求法巡礼行记》未出现助动词"当"，《变文》"当"（56次）的用例少于"合"（144次）、"应"（152次）。② 总的来说，"当"在唐五代不及"合、应"常用。表应当与盖然的"当"各举一例如下：

(4) 以脚入象厩中者当截其脚，手牵象者当截其手，眼视象者当挑其眼。（变文·须大拏太子好施因缘，501）

---

① 这几例"宜可、宜当、宜须、宜合"为：
善贤白大王曰："炬面等四子，宜可搋出。"（祖堂集卷一，第七释迦牟尼佛）
此阿难比丘多闻总持，有大智慧。……宜可请彼集修多罗藏。（同上，第一祖大迦叶尊者）
从此去，摩竭提国南一十六里有金刚座，贤劫千佛皆升此座，成等正觉。宜当往彼。（同上，第七释迦牟尼佛）
我等宜当结集法宝，无令断绝。（同上，第一祖大迦叶尊者）
况又修行之路，不假人多；出世之门，宜须寂静。（变文·维摩诘经讲经文五，889）
修禅观行，宜合寂静省缘；练意澄心，何要尔多人众？（同上，887）

② "当须、应须、应当、会当"处理为词，其中的"当、应"不作统计。

(5) 屋无强梁,必当颓毁。(变文·伍子胥变文,16)

### 8.10.3 合、应

|  | 合 | | 应 | |
| --- | --- | --- | --- | --- |
|  | 表应当 | 表盖然 | 表应当 | 表盖然 |
| 六祖坛经 | 5 | 0 | 1 | 1 |
| 神会语录 | 3 | 0 | 6 | 4 |
| 入唐求法 | 10 | 7 | 0 | 12 |
| 祖堂集 | 49 | 11 | 9 | 11 |
| 敦煌变文 | 99 | 45 | 29 | 123 |

上表显示:"合"表应当多于表盖然,"应"表盖然多于表应当。前带否定副词的"合、应"常表应当。例如:

(6) 远和上云:"见说天台山已决此疑,不合更决。"(入唐求法卷三,281)

(7) 若指彼教门为是者,维摩诘不应诃舍弗宴坐。(神会语录,55)

"合、应"后带否定副词,则多表盖然。例如:

(8) 的是鬼类妖精,其神化为凝血;若不是精奸之类,只合不动不变。(变文·八相变一,509)

(9) 寺里无堂饭,饭食应不如法。(入唐求法卷三,353)

"应无、应难、应少、应罕"等结构中的"应"也多表盖然。① 例如:

(10) 烟、云、尘、雾,此四种色,净土应无。(变文·佛说阿弥陀经讲经文二,687)

(11) 今日已别,今生中应难得相见。(入唐求法卷四,472)

---

① 也有表应当的例子。例如:
夫求法者,应无所求。(祖堂集卷十四,江西马祖)

(12)若算此沙应少有,此方要见且无因。(变文·妙法莲华经讲经文三,729)

(13)我有《莲花》中道经,世间之中应罕有。(变文·妙法莲华经讲经文一,711)

另外,"应"前如果有"计、算、想、料"等动词,"应"都表盖然。例如:

(14)天堂独有阿耶居,慈母诸天觅总无。计亦不应过地狱,只恐黄天横被诛。(变文·大目乾连冥间救母变文,1027)

(15)未委道场何寺宇,算应供养有幡花。(变文·维摩诘经讲经文四,866)

(16)却恐为使不了,辱着世尊,弟子尚自如斯,师主想应不煞。(同上,863)

(17)祇园会里谈真教,能问慈尊是阿谁。算料别人应不敢,莫过长者须菩提。(变文·金刚般若波罗蜜经讲经文,645)

### 8.10.4

综上所述,"合、应、当、宜"四词中,"合、应"是这一时期的常用词,"当"次之,"宜"不常用。"合"常用于表应当,"应"常用于表盖然。从词义来看,"合、应、当"同义,"宜"指以怎么做为好,是一种委婉的建议,在语气上比"合、应、当"稍微轻一些(参见5.9节)。

## 8.11 要

这一时期开始出现带祈使语气的"不要",表阻止或劝戒,并非表示客观上不必要。例如:

(1)直须认取浮生理,不要贪阗没底坑。(变文·妙法莲华经讲经文三,728)

(2)居士丈室染疾,使汝毗耶传语。速须排比,不要推延,若与维摩相见时,慰问所疾瘥可否。(变文·维摩诘经讲经文四,857)

(3)文殊谦,世尊奖,菩萨声闻小为长。便须部领众人行,不要迟疑住时饷。(变文·维摩诘经讲经文七,917)

下面是带祈使语气的"要"的例子,表要求或劝告:

(4)事须依劝莫因巡,切要修持此个身。(变文·维摩诘经讲经文四,831)

(5)休爱美,莫疑猜,却要分明自搏才。(同上,834)

(6)莫遣圣人省悟,莫交(教)菩萨觉知;发言时直要停腾,税调处直须稳审。(变文·维摩诘经讲经文五,885)

带祈使语气的"要"为道义类助动词;下面几例"要"不带祈使语气,表客观上必要,为条件类助动词:

(7)犹如三指并同,要因两边,始立中指。(神会语录,40)

(8)州县要藉官长,妙法须立经名。州县若无官人,百姓凭何而理?(变文·庐山远公话,266)

(9)拔剑平四海,横戈敌万夫。一朝床上卧,还要两〔人〕扶。(变文·太子成道经,438)

## 8.12 须、须得

下面几例"不须、何须"表客观上不必要:

(1)鱼(渔)人答曰:"适来鉴貌辨色,观君与凡俗不同。君子怀抱可知,更亦不须分雪。……"(变文·伍子胥变文,7)

(2)又问:"唯愿和尚教某甲解脱法门。"师云:"谁人缚汝?"对曰:"无人缚。"师云:"既无人缚汝,即是解脱,何须更求解脱?"(祖堂集卷二,第三十祖僧璨)

(3)师有乐道歌曰:兀然无事无改换,无事何须论一段? 真心无散乱,他事不须断。……(同上卷三,懒瓒和尚)

变文中的"不须",多带祈使语气,义为"不要",而非"不必":

(4)鱼(渔)人答曰:"……君为芦中之事(仕),我为船上之人,意义足亦可知,富贵不须相忘。"(变文·伍子胥变文,8)

(5)若是儿夫血入骨,不是杞梁血相离。果报认得却回还,幸愿不须相惟(违)弃。(变文·孟姜女变文,60)

(6)王闻褒誉,尚未委其根由,更唤须达向前:"……佛是谁家种族? 先代有没家门? 学道谘禀何人? 在身有何道德? 不须隐匿,具实说看。忽(或)然分寸差殊,手下身当依法!"(变文·降魔变文,560)

(7)含灵有识永长命,岂忍将刀煞害他。……百千万劫堕三涂,奉劝门徒不须煞。(变文·佛说阿弥陀经讲经文二,681)

带祈使语气的"须",在表要求的"速须、切须"中特别明显。例如:

(8)莫久住,速须回,千万今朝察我怀。(变文·维摩诘经讲经文五,890)

"事须"在六朝已出现,本是"于事,必须……"的意思,其中的"须"表客观上必要;但变文中的"事须"多带祈使语气①,表要求或劝告,这时,"事须"已不能拆开理解。②

助动词"须"在这一时期有了"一定"的意思,属认识类助动词,表必然。这个意思在变文中出现了十余例,例如:

---

① 例见蒋礼鸿(1997:463)。变文中表客观上必要、不带祈使语气的"事须",蒋礼鸿(同上)举有《金刚丑女因缘》中的一例,我们再举一例如下:
须达独自入城,道行作计:"王之国也谁肯出? 事须诳其太子。"(变文·祇园因由记,602)

② "事须"在金元剧曲里写作"是须",带祈使语气(参见蒋礼鸿 1997:464),它已由最初的表示条件必要完全转化为表示道义必要。

(9) 大(待)伊怨(冤)家上仓,不计是两个笠子,四十个笠子也须烧死。(变文·舜子变,202)

(10) 若勘皇帝命尽,即万事绝言;或若有寿,口口(却归)长安,伍佰余口,则须变为鱼肉。(变文·唐太宗入冥记,319)

(11) 是日六师渐冒燥,忿恨固知无[口](计)校。虽然打强且祗敌,终竟悬知自须倒。(变文·降魔变文,566)

(12) 休夸越女,莫说曹娥;任伊持世坚心,见了也须退败。大好大好,希哉希哉;如此丽质婵娟,争不忘生动念。自家见了,尚自魂迷;他人睹之,定当乱意。任伊修行紧切,税调着必见回头;任伊铁作心肝,见了也须粉碎。(变文·维摩诘经讲经文五,884)

(13) 须记当,领心怀,莫遣修行法眼开。持世若教成道后,魔家眷属定须摧。(同上,885)

(14) 三界众生多爱痴,致令烦恼镇相随。改头换面无休日,死去生来没了期。饶俊须遭更姓字,任奸终被变形仪。(变文·左街僧录大师压座文,1158)

上面所举的"须",似可理解为"会";我们认为应理解为"必",理由见 10.5 节。

"须得"同表必要的"欲得"一样,可能是受"可得、能得"等类推而来的(参见 6.11 节)。"可得、能得"等形式中的"得"有实际意义①,但"须得"中的"得"没有实义。"须得"义同"须",表必要,例如:

(15) 扬州文牒出到浙西道及浙东道不得一事,须得闻奏。(入

---

① "可得、能得、堪得、应得"各举一例如下:
若求无上菩提,要先护持斋戒,乃可得入。(神会语录,35)
今流浪生死,不得解脱,为被烦恼覆故,不能得见。(同上,36)
马有数等,贵贱不同。若从伎俩筋脚好,形容不恶,堪得乘骑者,直二十千已上。(朝野佥载卷四,86)
向前地狱之中,总是女人,应得相见。(变文·大目乾连冥间救母变文,1030)

唐求法卷一,98)

(16) 如对尊严长,须得兢兢底。(祖堂集卷八,云居和尚)①

## 8.13 用、假、烦、劳

这几个助动词的共同点在于:只以否定和反诘用法出现。

### 8.13.1 用、假

下面的"不用、岂用"表不必要:

(1) 生儿不用多,了事一个足。(王梵志诗卷六 306 首)

(2) 不用唤客来,但须见主人。(朝野佥载卷三,77)

(3) 如要住者,我专勾当和尚,更不用归本国。(入唐求法卷二,157)

(4) 世有多事人,广学诸知见。不识本真性,与道转悬运。若能明实相,岂用陈虚愿。一念了自心,开佛之知见。(寒山诗 168 首)

下面的"不用"带祈使语气,义为"不要",表阻止或劝戒:

(5) 皇帝卷帘看季布,思量骂阵忽然嗔。遂令武士齐擒捉:"与朕煎熬不用存!"(变文·捉季布传文,98)

(6) 亲情回报府君:"不用留此女人,致他太一嗔怒!"(变文·叶净能诗,334)

(7) 继绊②网罗不用入,无明颠倒莫教侵。……拣却邪心不用

---

① 在北齐·魏收撰《魏书》中,已有个别"须得、事须得"的例子:
  集朗兄弟并议留臣权相绥奖,须得扑灭珣等,便即首路。(魏书·夏侯道迁传,1582)
  强寇充斥,事须得讨。(魏书·李崇传,1473)
② "继绊"之"继"通"系",参看蒋礼鸿(1997:273—274)。

留,无明妄相也须休。(变文·金刚般若波罗蜜经讲经文,635)

这一时期的"不用"与六朝的"不用"并非一脉相承。后者义为"不可、不能"(参见 6.14 节),其来源不太清楚;而这里讨论的"不用"义为"不必"或"不要",它是现代汉语"甭"的源头。

下面的"不假、何假"表不必要:

(8)知足即是富,不假多钱财。(王梵志诗卷七 325 首)

(9)问:"诸圣从何而证?"师曰:"有病不假服药。"僧曰:"与摩则不假修证去也。"师曰:"不可长嗔长喜。"(祖堂集卷六,投子和尚)

(10)对境息贪痴,何假求高士?(王梵志诗卷七 359 首)

(11)贫贱不相顾眄,富贵何假提携?不贪宠禄荣华,愿君知儿怀抱!(变文·伍子胥变文,14)

下面的"不假"带祈使语气,义为"不要":

(12)雀儿语燕子:"恩泽莫大言。高声定无理,不假觜头喧。……"(变文·燕子赋,413)

(13)天子由(犹)事三老,古者养老乞言,不假妄构虚词,扰乱公府。老身依平断割,必望取无曲情。(变文·降魔变文,556)

助动词"用、假"都是由"凭借"义转化而来的。下面是义为"凭借"的例子:

(14)故知本性自有般若之智,自用知惠观照,不假文字。(坛经,80)

谤法直言不用文字,既云不用文字,人不合言语!(同上,101)

我见利智人,观者便知意。不假寻文字,直入如来地。(寒山诗 298 首)

### 8.13.2 烦、劳

已见于六朝。多表示不必要，①例如：

(15) 明月照时常皎洁，不劳寻讨问西东。(寒山诗 201 首)

(16) 问:"如何得见本来面目？"师云:"不劳悬古镜，天晓鸡自鸣。"(祖堂集卷九，黄山和尚)

(17) 今日众中，还有堪任继踵底人摩？出来！若是利根底，相投不烦瞬视。(同上卷十三，报慈和尚)

(18) 已后不烦为汉将，当即封为右效(校)王。(变文·李陵变文，131)

## 8.14 表必要的助动词"要、须、用、假、烦、劳"的比较

"要、须"表必要时，在词义上大体相当。助动词"要"由副词转化而来，产生于南北朝；义为"需要"、带体词宾语的一般动词"要"在南北朝还很少见，例如：

(1) 解后二十日堪食，然要百日始熟耳。(齐民要术·作酱等法，537)

这类一般动词"要"可能是从表示客观上必要的助动词"要"转化而来的。助动词"须"由"等待"义经由"有待于"这个意思引申而来，产生于东汉；义为"需要"、带体词宾语的一般动词"须"与助动词"须"是同时产

---

① 也有个别表阻止或劝戒的例子：
　　有势不烦倚，欺他必有危。(王梵志诗卷四 205 首)
　　即时空中报曰:"我是金团天子，遣助太子修行。正是去时，何劳懈息！"(变文·八相变一，512)

生的。

"用、假"是由"凭借"义引申而来的,这两个词的一般动词的用法早于助动词的用法,助动词用法在唐代始多见①。助动词"假"的运用不及"用"频繁。

"烦、劳"出现的格式本来是"$NP_1$ 烦/劳 $NP_2$ VP",但当"烦、劳"用于否定和反诘时,"烦、劳"所在小句往往就是"不烦 VP、不劳 VP"等,这时"不烦、不劳"等可以理解为"不必"。当出现"$NP_2$ 不烦/不劳 VP"等格式时,"烦、劳"就成为助动词。这两个词不能单独带体词宾语。

表必要的助动词"要、须"有两个意义:一是表客观上必要,属条件类助动词;二是带祈使语气,肯定用法表要求或劝告,否定用法表阻止或劝戒,属道义类助动词。"用、假"只以否定和反诘用法出现,有两个意义:一是表客观上不必要,二是表阻止或劝戒。"烦、劳"也只以否定和反诘用法出现,但多表不必要,很少有祈使用法。

"要、须、用、假"用于否定、表阻止或劝戒的用法是后起的。说话人借用"不必要"表示阻止或劝戒,比用"不许、不可、不当"等意思要委婉。②但是,久而久之,缓和语气的意味消磨掉了,有的用例不能再理解为"不必",这时"要"等就由条件类助动词发展为道义类助动词。这种转化过程,吕叔湘(1942—1944[1990:306])已经阐述得很清楚。吕先生说:"近代的通例是在表示'必要'的词语上加'不'字,这当然比直接禁止要委婉些,……可是'不要'一词用久了已经失去原义,干脆成了一

---

① 董志翘、蔡镜浩(1994:275)举了两例唐以前表不必要的"不假"的例子,一例出自《抱朴子》,一例出自《宋书》。
② 在有的反诘句中,这种缓和语气的用意尤其明显。例如:
丈夫名宣向枪头觅,当敌何须避宝刀!(变文·张议潮变文,180)
公子,善恶有理,何用喧诤?(变文·降魔变文,556)
才欲到,未ံ时,王告仙人愿察知:"所许《莲经》便请说,不要如有踊移!"仙者告:"莫痴愚,何假频频煎迫吾。直待修行有次第,为汝宣扬得也无?"(变文·妙法莲华经讲经文一,708)
这种"何须、何用、何假"字面意义是不必要,实际意义是表示阻止。

个禁止词。"

## 8.15 消

助动词"消"只以否定、反诘及"只消"的形式出现①,表示客观上不必要或只需要。黄征、张涌泉(1997:279)说:"消:需要,盖二字合音。"这一时期有"须要"一词,"需要"的写法出现得很晚,直至《红楼梦》《儿女英雄传》中都还尚未出现。如果说"消"是合音,那么,确切地说,是"不须要、何须要、只须要"等合音为"不消、何消、只消"等。"须要"在我们所调查的文献中较早见于《齐民要术》(见 7.1.2 节),从唐代到清代,很少见到"须要"有用于否定、反诘或受"只"修饰的例子②。"消"为"须要"的合音,应该是可以成立的。下面是助动词"消"的例子:

(1)缘衾虎领军三万五千,臣愿请军三万五千,不肖(消)展阵开旗,闻蛮奴之名,即便降来。(变文·韩擒虎话本,301)

(2)适蒙慈父发言,何销如来推奖。(变文·维摩诘经讲经文六,904)

(3)何消挠思加忧恨,但自宽怀好保持。(变文·双恩记,931)

下例为一般动词:

---

① 下例"消"以肯定用法出现,但这种情况罕见:
问:"诸余则不问,请师尽其机。"师云:"不消汝三拜,对众道却"……问:"名言妙义,教有所诠,不涉三科,请师指示。"师云:"消汝三拜。"(祖堂集卷十三,报慈和尚)
此例"消"以肯定用法出现,与上文有"不消汝三拜"有关。

② 下面两例是反例:
汪长孺说:"江西所说'主静',看其语是要不消主静,只我这里动也静,静也静。"先生曰:"若如其言,天自春至夏,夏了至秋,秋了至冬,自然如此,也不须要'辅相、裁成'始得。"(朱子语类·陆氏,2974)
莫蹉蹰,这里又纸笔全无,你去何须要写书。你个哥哥莫阻,道与俺看家拙妇,交他早些儿扶策我这病身躯!(元刊杂剧·张鼎智勘魔合罗,415)

(4)若遇西天师子脂,不销一滴皆成水。(变文·双恩记,924)

## 8.16 由助动词复合而成的双音节助动词①

**足可** 表条件可能。例如:

三春煦柳,周青翠而垂条;九夏名花,遍池亭而照灼。足可消愁适(释)闷,悦畅心神。(变文·降魔变文,555)

举一例诸足可知,何用諵諵说引词。(祖堂集卷四,丹霞和尚)

**应当** 可表应当或盖然。表应当如:

散劝文亦是结劝行人,应当学佛作如是观也。(变文·金刚般若波罗蜜经讲经文,645)

德山云:"如是,如是,应当善护持。"(祖堂集卷七,岩头和尚)

表盖然如:

啼哭缘何事,泪如珠子颗。应当有别离,复是遭丧祸。(寒山诗72首)

大王为子转加愁,发声大哭泪交流。哽咽填胸肠欲断,不忍交(教)儿剃头:"皇宫帝阙无人绍,后嗣应当一世休!……"(太子成道变文一,484)

**应须、当须** 表应当、必要。例如:

为染在薰莸,应须择朋侣。(寒山诗219首)

如或世尊不信,应须一一分疏,不言有似暗含,未说直如谦退。(变文·维摩诘经讲经文四,864)

---

① "堪可""应合""合应""可须"四种形式都只见一例:
  金口言,堪可敬,无漏梵音本清净。(变文·维摩诘经讲经文四,863)
  自得(德)既圆,应合救物。(变文·盂兰盆经讲经文,1006)
  不可交(教)声闻空在会,合应有菩萨也唱将来。(变文·双恩记,928)
  臣适出城,见太子国有其不祥之事,太子可须卖却。(变文·祇园因由记,602)

应须与摩会,方得契如如。(祖堂集卷五,云岩和尚)

若欲离死生,当须急思此。(王梵志诗卷七 379 首)

适闻知澄大德已灵变,道门哀丧,当须奈何!(入唐求法卷一,107)

吾有严父,当须侍之;吾有慈母,当须养之;吾有长兄,当须顺之;吾有小弟,当须教之。所以不得随君去也。(变文·孔子项託相问书,357)

须要① 表必要。例如:

譬如长天有月,被浮云障翳不出来。身中有佛性甚分明,被业障覆藏都不现。欲长空月现,先须要假狂风。(变文·八相押坐文,1140)

一朝病卧在床枕上,转动犹须要两个人扶。(变文·悉达太子修道因缘,472)

## 8.17 小结

这一时期的双音节助动词语较六朝大为简化。下面列出这一时期主要的单音节助动词:

条件类:能、解、得、足、肯、敢、中、好、堪、容、可、叵(表可能);须、要(表必要);烦、劳、用、假、消(用于否定和反诘,表不必要)。

---

① 唐宋时期的"要须、要当"中的"要"多数仍带有"终究、无论如何"的意思,例如:
  见诸教禅者,不许顿悟,要须随方便始悟,此是大下品之见。(神会语录,42)
  但为持念损心,近加风疾,发动无恒。药饵之间,要须市易将息。(入唐求法卷二,184)
  公既于此个门中,自信不疑不是小事,要须生处放教熟,熟处放教生,始与此事少分相应耳。(大慧普觉禅师书,《近代汉语语法资料汇编》(宋代卷),219)
  仆于是密画利害,论女真不可使入关,要当进兵先取燕京,则金人自服,边境可定。(三朝,113)

道义类：可、得、容（表许可）；合、应、当、宜（表应当）；须、要、用、假（"须、要"用于肯定表要求或劝告，用于否定表阻止或劝戒；"用、假"用于否定，表阻止或劝戒）。

认识类：容、肯（表可能）；合、应、当（表盖然）；须（表必然）。

估价类：足、可、好、堪。

# 9. 宋代的助动词系统(上)

所考察的主要文献材料有:北宋沈括撰《乙卯入国奏请(并别录)》、北宋圜悟克勤禅师语录《碧岩录》、《三朝北盟会编》(省称为《三朝》)、《大唐三藏取经诗话》、《朱子语类·朱子》、《刘知远诸宫调》、《张协状元》。除《碧岩录》《朱子语类·朱子》以外,其他五种材料都据《近代汉语语法资料汇编》(宋代卷)。《朱子语类》中的其他部分以及《资料汇编》中的其他材料(如《河南程氏遗书》《大慧普觉禅师书》《虚堂和尚语录》《杨温拦路虎传》《崔待诏生死冤家》《万秀娘仇报山亭儿》《宋四公大闹禁魂张》(后4种为话本)等)有时也会用到。

## 9.1 能、得、足、足以

助动词"能"表条件可能。"得"也可表条件可能。各举一例如下:

(1)闻此路险阻,不能通车。(三朝,160)

(2)法师告谢已了,回头问猴行者曰:"如何得下人间?"(取经诗话第三,237)

下面三例"得"表许可,义为"准许":

(3)凡野兽自内赴外者,四围得迎射;自外赴内者,须主首先射。(三朝,106)

(4)在法,宗室无依倚者,方得请孤遗俸,有依倚者不得请。(朱子,2720)

(5)这些功劳余当仗您两个,不得有些辞怠。(刘知远,368)

在《张协状元》中,有用"不得要、休得要"表禁止的例子:

(6) 有人到此忽扣门,两人不得要开口。(10出,526)

(7) 君须异日,休得要忘却奴厚期,忘却来庙里。(16出,545)

(8) 三分似人,休得要言语诈。(16出,545)

作补语的"得"表许可,这一时期常见。例如:

(9) 此个物事极密,毫厘间便相争,如何恁地疏略说得?(朱子,2743)

(10) 须是自著力,著些精彩去做,容易不得。(同上,2817)

(11) 知事云:"既许与大众上堂,为甚么一言不施?"山云:"经有经师,论有论师,争怪得老僧?"(虚堂和尚语录,390)

(12) 赵正道:"师父,我要上东京闲走一遭,一道赏玩则个,归平江府去做话说。"宋四公道:"二哥,你去不得。"赵正道:"我如何上东京不得?"(宋四公大闹禁魂张,485)

例(9)为"V得",例(10)为"V不得",例(11)为"V得O",例(12)为"VO不得"。这种作补语的"得"表情理上许可,与表许可的助动词"得"意义略有差别。

"足"多表估价,例如:

(13) 人之梦,不足信。(张协状元2出,508)

(14) 仆谓:"兵家贵知己知彼,不可见彼威势,便不顾己事力也。倘大王一一肯听行之,贼不足破也。"(三朝,132)①

(15) 直卿云:"先生去国,其他人不足责,如吴德夫项平父杨子直合乞出。"(朱子,2669)

也可表条件可能,例如:

(16) 昨日元帅书词煞好,足见忠孝。(三朝,195)

"足以"表条件可能,例如:

---

① 这一例"足"与下两例意义相同:
　　人委其篇章,专为政治,则子产、子贱之迹不足俟也。(论衡·书解,1155)
　　但能使吕布心,董卓不足图矣。(元曲选·连环计,1548)

(17) 若皇子郎君能以中国为重,结为邻好,足以光辉史册。(三朝,150)

## 9.2 解

在所调查的七种主要材料中,助动词"解"只出现于《碧岩录》及《朱子》。

### 9.2.1 条件类助动词"解"

义为"能够",例如:

(1) 浅近轻浮莫与交,地卑只解生荆棘。(碧岩录83则)

(2) 直到雪峰,当时若有些子眼筋,便解瞥地去,岂不快哉!(同上66则)

(3) 孔子修《六经》,要为万世标准。若就那时商量,别作个道理,孔子也不解修《六经》得。(朱子,2687)

(4) 今日知得一事亦得,行得一事亦得,只不要间断;积累之久,自解做得彻去。(同上,2747)

(5) 须是平时只管去讲明,讲明得熟时后,却解渐渐不做差了。(同上,2788)

(6) 某说,若是读书寻到那苦涩处,方解有醒悟。(同上,2867)

(7) 若这句已通,次弟到那句自解通。(同上,2911)

(8) 人固欲事事物物理会,然精力有限,不解一一都理会得。(同上,2933)

### 9.2.2 认识类助动词"解"

义为"会"。姚振武(1992:29)引了敦煌变文中的一例①:

---

① 姚振武先生认为下例"解"也相当于"会":
　　凡人渡水,弟一须解怕(拍)浮,不解徒劳入水。(变文·庐山远公话,267)
此例《敦煌变文校注》在"不解"后断开,如此则"解"仍可视为一般动词,义为"懂得"。

(9) 回头乃报楚家将:"大须归家着乡土。一朝儿郎偷得高皇号,还解捉你儿郎母。"(变文·汉将王陵变,70)

宋代的例子如:

(10) 春尽之际,百千万株花,一时凋残,独有珊瑚树林,不解凋落,与太阳相夺,其光交映。(碧岩录70则)

(11) 如引人向万丈悬崖上打一推,令他命断。尔若平地上推倒,弥勒佛下生,也只不解命断。(同上40则)

(12) 若是自家有个操柄时,便自不解到得十分走作了。(朱子,2789)

(13) 既得之,熟读深思,从此力行,不解有差。(同上,2809)

(14) 古人言语写在册子上,不解错了。(同上,2818)

姚振武(1992)已提到《朱子语类》中的这类"解"。

"客观条件的可能"(条件类)与"主观推测的可能"(认识类)这两个意思有时不易区分。上文所举各例,有的"解"理解为"能够"或"会"是两可的,如例(1)—(9)。例(10)—(14)只能理解为"会",因为助动词后的VP对于当事者来说是消极的、否定的、反常的;当我们表达"NP能够VP"这个意思时,VP对于NP来说不能是消极的、否定的、反常的,比如现代汉语不说"你能生病的",而说"你会生病的"。

## 9.3 会

### 9.3.1 一般动词"会"

义为"领会、懂得"。这类"会"带体词宾语,在寒山、拾得诗中可以看到。例如:

(1) 若能会我诗,真是如来母。(寒山诗271首)

(2)有个王秀才,笑我诗多失。云不识蜂腰,仍不会鹤膝。(同上 288 首)

(3)后来人不知,焉能会此义?(拾得诗 18 首)

唐五代时期,义为"领会、懂得"的"会"带谓词宾语还很少见。① 例如:

(4)年才长大,稍会东西,不然遣学经营,或即令习文笔。(变文·维摩诘经讲经文一,761)

(5)筭应也会求财路,那个门中利最多?(变文·双恩记,933)

在唐五代,"领会、懂得"义多用"解"而少用"会"。但在宋代,"会"逐渐代替了"解"。在《碧岩录》中,"解 VP"与"会 VP"并见。例如:

(6)看他云门自是作家,行一步知一步落处,会瞻前亦解顾后,不失踪由。这僧只解瞻前,而不能顾后。(碧岩录 54 则)

大概在南宋初期,在"懂得"义上,"会"已占据上风。在所调查的《三朝北盟会编》的部分,表"懂得"义未见有"解"而只见"会"。例如:

(7)待教一个会汉语繙译人去做通事。(三朝,181)

下面四例可以反映这种更替过程:

(8)"你不解讲经。""某甲则不解讲,请师讲。"(祖堂集卷十九,陈和尚)

(9)罗汉曰:"会讲《法华经》?"(取经诗话第三,236)②

(10)未解秉机杼,那堪事箕帚。(寒山诗 175 首)

(11)原来这女儿会绣作。(崔待诏生死冤家,439)

"会"在接 VP 以后,有时表示擅长,而不仅仅是懂得怎样做。例

---

① 下例"会"已有所引申,但还不是表可能的助动词"会":
我见世间人,个个争意气。一朝忽然死,只得一片地。阔四尺,长丈二。汝若会出来争意气,我与汝立碑记。(寒山诗 312 首,拾得诗 56 首同)
② 《大唐三藏取经诗话》中没有义为"懂得、知晓"义的"解",而"会"的运用很灵活:不仅有一般动词的用法,还有助动词的用法(如例 15、16)。从这一点来看,它的年代不早于宋代。

如:

(12)仆云:"贵朝诸公深会理论,顾仆乃招纳使耳!"(三朝,110)

(13)李先生为人简重,却是不甚会说,只教看圣贤言语。(朱子,2620)

一般动词"解、会"带 VP 多表示技能。在"解、会"产生之前,表技能用"能"。① 例如:

(14)主曰:"妇人何能?"永曰:"能织。"主曰:"必尔者,但令君妇为我织缣百疋。"(搜神记28条)

### 9.3.2 认识类助动词"会"

较早见于《取经诗话》《朱子》。例如:

(15)猴行者曰:"我师,看此是九条馗头鼍龙,常会作孽,损人性命,我师不用忿忿。"(取经诗话第七,241)

(16)被猴行者化一团大石,在肚内渐渐会大。(同上第六,241)

(17)譬如谷,既有个谷子,里面便有米,米又会生出来。如果子皮里便有核,核里便有仁,那仁又会发出来。(朱子,2796)

(18)今人做一件事,没紧要底事,也著心去做,方始会成,如何

---

① 表技能的"能"在唐宋时期也能见到。例如:
    解讲囝陁典,能谈三教文。(寒山诗231首)
    今人自少所见皆不善,才能言便习秽恶,日日消铄,更有甚天理?(河南程氏遗书,38)
    次日,阿骨打遣其弟韶瓦郎君赍貂裘、锦袍、犀带等七件,云:"南使能驰射,皇帝赐。"(三朝,105)
在《红楼梦》里,仍有表技能用"能"的例子。例如:
    宝玉……因想:"说笑话倘或不发笑,又说没口才,连一笑话不能说,何况别的,这也不是。若说好了,又说正经的不会,小惯油嘴贫舌,更有不是。不如不说的好。"乃起身辞道:"我不能说笑话,求再别人的罢了。"(红楼梦75回,632)

悠悠会做得事!(同上,2924)

(19)只如读书一事,头边看得两段,便揭过后面,或看得一二段,或看得三五行,殊不曾子细理会,如何会有益!(同上,2791)

(20)若使自家实得他那意思,如何会忘!(同上,2917)

(21)常常恁地觉得,则所行也不会大段差舛。(同上,2910)

(22)以此知,人若能持得这个志气定,不会被血气夺。(同上,2623)

认识类助动词"会"的虚化路线与"解"不同。后者的虚化过程是:能力(一般动词)→条件可能(助动词)→认识类可能性(助动词)。唐五代出现的"解"较早作助动词的例子,多只能视为表条件可能(参见8.2节)。例如:

(23)四者、喻如江海,能通万斛之船。……七者、喻如路逵,解通往来之人。(变文·庐山远公话,265)

在宋代才较多出现表认识可能的例子。而"会"是由表能力直接虚化为表示认识可能的。

### 9.3.3 东汉至唐宋时期的副词"会"

东汉至唐宋时期,有一个义近于7.1节讨论过的副词"要"的"会",义为"终究、一定、无论如何"等。首先,它可以表示就主观判断而言,最终会怎么样。例如:

(24)佛言:"是善男子善女人有行是法者,所求者必得,若所不求,会复自得;是善男子善女人本愿之所致,不离是法,虽不有所索者,自得六波罗蜜。"(东汉·支娄迦谶译《道行般若经》,8/446c)

(25)若有受般若波罗蜜,若有学,若有持,若有解中事,若有随,知是菩萨如面见佛无异。……虽有人于佛所作功德,持用求罗汉、辟支佛,会当得佛无异。(同上,8/468c)

有受明度学之,若解中惠,是闿士如面见佛无异。其有斯德,用求应仪、缘一觉,会必得佛矣。(东吴·支谦译《大明度经》①,8/502c)

(26)时乎时乎,会当有变时。(三国志·魏志·崔琰传,369)

(27)其瓜会是歧头而生;无歧而花者,皆是浪花,终无瓜矣。(齐民要术·种瓜,156)

(28)宫省内外,人不自保,会应有变。(宋书·蔡廓传,1579)

(29)长风破浪会有时,直挂云帆济沧海。(李白《行路难》)

(30)白发会应生,红颜岂长保。但看北邙山,个是蓬莱岛。(寒山诗47首)

(31)堂堂六尺丈夫身,雪色衣裳称举人。霄汉会当承雨露,高科登弟出风尘。(变文·父母恩重经讲经文一,975)

其次,它可以表示就个人意志或事理而言,无论如何都要、一定要做某事。这个意思多出现在"会当""会须"中,例如:

(32)昼夜弊魔常索佛便,常乱世间人。释提桓因常作是愿:"我会当念般若波罗蜜,常念常持心讽诵究竟。"释提桓因心中诵念般若波罗蜜,且欲究竟,弊魔便复道还去。(道行般若经,8/434a)

(33)子伯少有猛志,尝叹息曰:"男儿居世,会当得数万兵千匹骑著后耳!"(《三国志·魏志·崔琰传》注引《吴书》,374)

(34)尝梦井中生桑,以问占梦赵直,直曰:"桑非井中之物,会当移植;然桑字四十下八,君寿恐不过此。"(《三国志·蜀志·杨洪传》注引《益部耆旧传》,1014)

(35)虽取我珠,吾终不放,会当尽力抒此海水,誓心刿志,毕命于此,若不得珠,终不空归。(贤愚经,4/408b)

---

① 《大明度经》和《道行般若经》是同本异译。

(36)王闻是语,倍增钦仰,言"此慈定巍巍乃尔,我会当习此慈三昧"。(同上,4/436b)

(37)人生在世,会当有业。(颜氏家训·勉学,143)

(38)烹羊宰牛且为乐,会须一饮三百杯。(李白《将进酒》)

(39)曼坻言:"……我终不能以(与)太子相离,会当以(与)太子相随也。……"(变文·须大拏太子好施因缘,502)

如果不强调"无论如何、一定",则"会"的意思转化为"须要"。例如:

(40)其菩萨复问:"说何所法而可怛萨阿竭者?"文殊师利答言:"佛自知之。"复言:"虽尔,会说其意。"文殊师利则言……(阿阇世王经,15/392c)[转引自朱庆之1992:203]

(41)初酘之时,十日一酘,不得使狗鼠近之。于后无若,或八日、六日一酘,会以偶日酘之,不得只日。……九日一酘,后五日一酘,后三日一酘。勿令狗鼠近之。会以只日酘,不得以偶日也。(齐民要术·法酒,526)

(42)虽名秋种,会在六月。六月中无不霖,遇连雨生,则根强科大。(齐民要术·种胡荽,210)

但是,这种义为"须要"的"会"例证很少,并没有盛行开来。没有盛行的原因,可能在于表必要的助动词"要"的排挤。

表必要的助动词"要"在唐代盛行之后,义为"终究、无论如何"等的副词"要"基本就消失了(这个意思只保留在唐宋时期的"要当""要须"两个词中)。但副词"会"的运用持续到唐宋①;表可能的助动词"会"在宋代产生之后,副词"会"也很快消失了,因为副词"会"可理解为"一定",这与"会"表可能相抵触。

---

① 本文在上面已举到唐宋时期副词"会"(包括"会应、会当、会须")的用例,更多的例子参见张相(1955:114—115)。

## 9.4 好

### 9.4.1 条件类助动词"好"

表条件可能,义为"适合、可以、能够、容易"等。例如:

(1)既言事小,到这里也好了当也。(乙卯入国奏请,15)

(2)臣括又云:"学士北朝名臣,括在南朝,久闻盛名。今日事正好禅赞朝廷,早了却好。"(同上,18)

(3)今人都不曾读书,不会出题目。《礼记》有无数好处,好出题目。(朱子,2699)

(4)须是纵横舒卷皆由自家使得,方好搦成团,捻成匾。(同上,2920)

(5)呼猿洞口,无心卧月眠云;长水江头,正好抛纶掷钓。(虚堂和尚语录,381)

(6)问:"这块玉堪做甚么?"内中一个道:"好做一副劝盃。"……又一个道:"这块玉上尖下圆,好做一个摩侯罗儿。"……数中一个后生……对着郡王道:"告恩王,这块玉上尖下圆,甚是不好,只好碾一个南海观音。"(崔待诏生死冤家,440)

(7)这坡空地只好使棒!(杨温拦路虎传,422)

(8)(净)我嫁你许多时,身边别无物事,只有两领两领……(末)甚底?(净)水牛皮。(末)只好鞔鼓。(净)也好做鞋。(张协状元19出,554)

### 9.4.2 道义类助动词"好"

表应当,义为"宜、应当",是由"适合"义转化来的。例如:

(9)垂示云:意路不到,正好提撕。言诠不及,宜急著眼。(碧

岩录 63 则)

(10)似怎么只是恶水蓦头浇,更说个什么圆通?雪窦道:似这般汉,正好蓦头蓦面唾。山僧道:土上加泥又一重。(同上 78 则)

(11)云岩常随道吾咨参决择,一日问他道:"大悲菩萨用许多手眼作什么?"当初好与他劈脊便棒,免见后有许多葛藤。(同上 89 则)

(12)又曰:"悔一件事:南康煞有常平米,是庚寅辛卯年大旱时籴,米价甚贵。在法不得减元价,遂不曾粜。当时只好粜了,上章待罪,且得为更新米一番。……"(朱子,2640)

(13)时文一件,学子自是著急,何用更要你教!你设学校,却好教他理会本分事业。(同上,2700)

(14)铨择之法,只好京官付之监司,选人付之郡守,各令他随材拟职;州申监司,监司申吏部,长贰审察闻奏,下授其职。(同上,2732)

(15)先生一日谓蜚卿与道夫曰:"某老矣。公辈欲理会义理,好著紧用工,早商量得定! 将来自求之,未必不得。然早商量得定,尤好。"(同上,2776)

(16)好理会处不理会,不当理会处却支离去说,说得全无意思。(同上,2791)

(17)此处正好提定与他剖判始得。(同上,2824)

### 9.4.3 估价类助动词"好"

例如:

(18)其实祖佛自古至今不曾为人说。只这"不为人",正好参详。(碧岩录 28 则)

(19)因言今日所在解额太不均,先生曰:"只将诸州终场之数,与合发解人数定便了。又不是天造地设有定数,何故不敢改动?

也是好笑!"(朱子,2698)

## 9.5 堪

可表条件可能,义为"能够"。例如:

(1)此是膏肓之病,不堪医治。(碧岩录38则)

(2)今舟船久系岸,万一临时或有不堪驾用,误事奈何?(三朝,210)

(3)虽是个庄家女,颜貌倾城谁堪并?(刘知远,345)

(4)无物堪比伦,教我如何说?(虚堂和尚语录,384)

也可表估价。例如:

(5)天上天下,堪笑堪悲。(碧岩录88则)

(6)时行凝睛,忽观村疃无三里。举步如飞来到,见庄院景堪题,前临官道,新开酒务,一竿斜刺出疏篱。(刘知远,341)

(7)兄嫂堪恨如狼虎,把青丝剪了尽皆污。(同上,372)

(8)这太湖山,真个最堪观。(张协状元47出,611)

《孔丛子》鄙陋之甚,理既无足取,而词亦不足观。(朱子语类·战国汉唐诸子,3252)

与叔甚高,可惜死早!使其得六十左右,直可观,可惜善人无福!(朱子,2693)

## 9.6 容

可表条件可能。例如:

(1)犹之有人曾到东京,又曾到西京,又曾到长安,若一处上心来,则他处不容参然在心,心里著两件物不得。(河南程氏遗书,

30)

(2)盖只是这个物事,愈说愈明,愈看愈精,非别有个要妙不容言者也。(朱子,2770)

还可义为"可能、会",表主观推测的可能性(认识类)。例如:

(3)初读书时,且从易处看。待得熟后,难者自易理会。如捉贼,先擒尽弱者,则贼魁自在这里,不容脱也。(朱子,2756)

还可表许可。例如:

(4)如两军厮杀,两边擂起鼓了,只得拚命进前,有死无二,方有个生路,更不容放慢。若才攻慢,便被他杀了!(朱子,2803)

(5)一息尚存,此志不容少懈。(同上,2804)

(6)数年来见得日用间大事小事分明,件件都是天理流行,无一事不是合做底,更不容挨推闪避。(同上,2819)

(7)日用间做工夫,所以要步步缜密者,盖缘天理流行乎日用之间,千条万绪,无所不在,故不容有所欠缺。(同上,2823)

# 10. 宋代的助动词系统(下)

## 10.1 可、可以

助动词"可"可表条件可能、许可、估价。表许可的"可"在对话中可表祈请或规劝,举两例如下:

(1)今特来求季伦:明日午时弯弓在江面上,江中两个大鱼相战,前走者是我,后赶者乃是小龙;但望君借一臂之力,可将后赶大鱼一箭,坏了小龙性命。(宋四公大闹禁魂张,477)

(2)罗汉曰:"师曾两回往西天取经,为佛法未全,常被深沙神作孽,损害性命。今日幸赴此宫,可近前告知天王,乞示佛法前去,免得多难。"(取经诗话第三,236)

"可以"可表条件可能、许可。东汉至唐五代,在我们调查的文献中多见"可"而少见"可以"。"可以"在《论衡》中未出现,在《世说新语》中只出现15例,在《入唐求法巡礼记》中也未出现。表许可的"可以"尤其少见。在宋代,"可以"的运用有增多的趋势,表条件可能例如:

(3)古者只是荒岁方铸钱。《周礼》所谓"国凶荒札丧,则市无征而作布",既可因此以养饥民,又可以权物之重轻。(朱子,2723)

(4)若要得知,亦须是吃辛苦了做,不是可以坐谈侥幸而得。(同上,2771)

(5)今若有人在山脚下,便能一跃在山顶上,何幸如之!政恐不由山脚,终不可以上山顶耳。(同上,2655)

表许可例如:

(6)聿兴云:"元帅欲要国书看,不知可以将去否?"(三朝,182)

(7)集议欲祧僖祖,正太祖东向之位,先生以为僖祖不可祧,惟存此,则顺、翼、宣祧祖可以祔入。(朱子,2664)

(8)罪之疑者从轻,功之疑者从重,所谓疑者,非法令之所能决,则罪从轻而功从重,惟此一条为然耳;非谓凡罪皆可以从轻,而凡功皆可以从重也。(同上,2712)

(9)处乡党固当自尽,不要理会别人。若有事与己相关,不可以不说,当如何?(同上,2898)

如此,亦不可不说。(同上,2668)

## 10.2 合、应、当、宜

表应当最常用的是"合"。表应当的"合、当"各举一例如下:

(1)绘曰:"若至镇江,闻有警急,合与不合申明?"(三朝,169)

(2)须要在江上看兵势,盖上遣我来,当进不当退。(同上,208)

在所调查的主要材料中,未见表应当的"应"。"宜"表应当,明显表示委婉的建议,与"合、当"不完全同义,例如:

(3)主人曰:"此中人会妖法,宜早回来。"(取经诗话第五,239)

(4)此人在沙佗小李村住,姓李名洪义,为无赖,只呼做活太岁。客人宜避之。(刘知远,342)

(5)张叶要好,出路宜及早。(张协状元19出,553)

表盖然的"合、应、当"各举一例如下:

(6)昔有相师算奴家,合发奋,得为正宫做国母,嫁明君。(刘知远,346)

(7)十二三年发狠毒,休言道是俺夫妻,佛也应难担负。(同上,373)

(8) 兀室遣娄宿孛堇以马五百匹追至武州界,天祚欲趋武州,南投大朝,为随行僧所劝。谓南朝弱,必不敢留隐,当为女真所索。(三朝,126)

在所调查的主要材料中,未见表盖然的"宜"。

## 10.3 要、要得

下面两例"不要"义为"不必","要"是条件类助动词:

(1) 今之民,只教贫者纳税,富者自在收田置田,不要纳税。如此,则人便道好,更无些事不顺他,便称颂为贤守!(朱子,2652)

(2) 夫子与他说,只是要与它剥这一重皮子。它缘是这皮子薄,所以一说便晓,更不要再三。(同上,2869)

下面两例"不要""休要"带祈使语气,"要"是道义类助动词:

(3) 绘与良臣并执旗人独前,大呼曰:"不要放箭,是来讲和。"(三朝,179)

(4) 我儿休要烦恼。(张协状元41出,601)

"要得"义同"要",① 例如:

(5) 今日用功,且当以格物为事。不曰"穷理",却说"格物"者,要得就事物上看教道理分明。(朱子,2752)

(6) 朋友相处,要得更相规戒,有过则告。(同上,2763)

(7) 而今且去放下此心,平平恁地做;把文字来平看,不要得高。(同上,2826)

---

① "要得"以及下一小节的"消得",仍可能如同六朝时期表应当的"欲得"以及唐代的"须得"一样,是由"可得、能得"等形式类推而来的。下面是"可得、能得、足得"的例子:

　　回与未回,使人不可得而知。(三朝,180)
　　今次举兵,为生灵不能得定。(同上,184)
　　但其他人则被这皮子包裹得厚,剥了一重又一重,不能得便见那里面物事。(朱子,2869)
　　如河北路民兵足得调拨使用。(三朝,132)

## 10.4 消、消得

"消"表客观上必要,属条件类助动词。用于否定和反诘,或以"只消"的形式出现。例如:

(1)枢密、给事,北朝执政大臣,请试思南北两朝通好七八十年,兄弟叔姪,情契如此,不知这件小事,消与不消如此计较?(乙卯入国奏请,15)

(2)持国尝论克已复礼,以谓克却不是道。伯淳言:"克便是克之道。"持国又言:"道则不须克。"伯淳言:"道则不消克,却不是持国事。在圣人,则无事可克;今日持国,须克得已便然后复礼。"(河南程氏遗书,31)

(3)不消恁地理会文字,只消理会那道理。(朱子,2887)

(4)这里未消说敬与不敬在。(同上,2909)

(5)先生笑曰:"某不立文字,寻常只是讲论。适来所说,尽之矣。若吾友得之于心,推而行之,一向用工,尽有无限,何消某写出!……"(同上,2862)

(6)吾今受梓州金判,路远不消通书,走马上任。(张协状元34出,587)

"消得"义同"消",① 例如:

(7)臣评却云:"且容侍读、评与枢密、给事、馆伴琳雅学士说话,不销得你挽说,且退!"(乙卯入国奏请,12)

(8)粗底做粗底理会,细底做细底理会,不消得拣择。(朱子,

---

① "消得"已出现于变文及《祖堂集》,但很少见。例如:
 此个量口,并不得诸处货卖,当朝宰相崔相公宅内,只消得此人。(变文·庐山远公话,257)[带 NP]
 师良久,学人周措。师遂云:"合消得汝三拜。"(祖堂集卷十三,报慈和尚)

2830)

(9) 公何消得恁地？（同上，2669）

(10) 既是有人造，只消得宣这个人来，教他修整。（崔待诏生死冤家，446）

(11) 万员外道："且未消得哭。"（万秀娘仇报山亭儿，474）

## 10.5　须、须得

下面两例"不须"义为"不必"，"须"是条件类助动词：

(1) 你也不须出钱，你也不须把登科记，我赠你一本，善眼相看，各家开去休。（张协状元 28 出，578）

(2) 动人春色不须多。（同上 53 出，623）

下面两例"不须"表阻止或劝戒，带祈使语气，"须"是道义类助动词：

(3) 时良臣愤怒未已，汪思温曰："不须如此，上方召见，公且平其气以待之。"（三朝，198）

(4) （净）打脊笆簍赖秀！（丑）打脊笆簍赖狗！（末）两个不须动手。（生）各请住休得要应口。（张协状元 24 出，567）

义为"一定"的"须"这一时期常见。例如：

(5) 来时听得契丹旧酋在沙漠，已曾遣人马追赶，次第终须捉得。（三朝，81）

(6) 猴行者曰："我即今有僧行七人，从此经过，不得妄有妖法。如敢故使妖术，须教你一门划草除根。"（取经诗话第五，239）

(7) 这是显然不可行底事。某尝作书与说，他自谓行之有次第，这下梢须大乖。（朱子，2702）

(8) 人若除得个倚靠人底心，学也须会进。（同上，2748）

(9) 恰是人要来建阳，自信州来，行到崇安歇了，却不妨；明日

更行,须会到。(同上,2889)

(10)有朝福至,须交名播满华夷。(刘知远,341)

(11)逆来顺受,须有通时。(张协状元12出,533)

上面几例"须"后的动作或状态未发生。下面几例"须"后的动作或状态已发生:

(12)昔人读书,二十四五时须已立得一门庭。(朱子,2840)

(13)自去年书院看《孟子》至《告子》,归后虽日在忧患中,然夜间亦须看一二章。(同上,2761)

下面几例表虚拟:

(14)某云:"他更在得一二十年,须传得伊川之学。"(朱子,2537)

(15)惟胡文定之言曰:"当时若能听用,决须救得一半。"(同上,2573)

(16)当时若得集议一番,须说得事理分明。(同上,2668)

(17)若使别撰得出来,古人须自撰了。惟其撰不得,所以只共这个道理。(同上,2852)

在"终须"等组合中,"须"似可理解为"会",但例(12)—(17)"须"只宜理解为"一定",不能理解为"会"。总的来说,例(5)—(17)中的"须"表必然而非表可能。表必然的"须"无否定和反诘用法,"不须、何须"中的"须"都表必要。

"须得"表必要,这一时期常见,例如:

(18)不须得发兵如此之多。(三朝,206)

(19)不如此,也不得。然也不须得将戒慎恐惧说得太重,也不是恁地惊恐。(朱子,2823)

(20) 张叶自到京都,及第也没音书。阿须得问神道①,已成虚。(张协状元33出,586)

下面顺便提及副词"必、必须"。"必"在春秋战国已有"一定、必须"两个意思,表必然一直延续了下来。表必要在六朝还能看到,例如:

(21) 临种时,必燥曝葵子。(齐民要术·种葵,176)

(22) 收取种茧,必取居簇中者。(齐民要术·种桑、柘,333)

但在《敦煌变文校注》中,除去"何必、不必、未必、必定、必然、必须、事必"这几个词中的"必","必"出现162次②,只有5次表必要③,其余都表必然。我们推测表必要的"必"至迟在晚唐已消亡(这个意思只保留在"不必""何必""事必"等词中)。表必要的"必"的消失,与表必要的"须""必须"在东汉的产生有很大关系;六朝时期,表必要已多用"须、必须"而少用"必"。

下两例是东汉时期"必须"的例子,当时应该还未成词:

(23) 尧不自责以身祷祈,必舜、禹治之,知水变必须治也。(论衡·感虚,249)

(24) 周公可随为骄,商子可顺为慢,必须加之捶杖,教观于物者,冀二人之见异,以奇自觉悟也。(论衡·谴告,638)

"必须"在唐宋时期也产生了"一定"义,例如:

(25) 通川界内多獭,各有主养之,并在河侧岸间。……取得

---

① 钱南扬(1979:156)改"阿"为"何"。
② 这个统计未计入校注者所补的文字。变文中有"毕、比"通"必"的现象。
③ 这5例较特殊:2例引用古文,一引《论语·里仁》"游必有方"(秋胡变文,232),一引《礼记·学记》"君子如欲化民成俗,其必由乎矣"(父母恩重经讲经文一,974;"其必由乎矣"《学记》本作"其必由学乎");2例与"须"对文,一为"戒和,若圣若凡必同遵";见和,随浅随深须总解"(佛说阿弥陀经讲经文一,668),一为"况乎拟求佛果,将出本源,须开真实之道场,必赖证修于功德"(维摩诘经讲经文四,867);1例为"臣今陛下答此问头,必口(得)陛下大开口"(唐太宗入冥记,322),此例疑应补"必须"而非"必得",因为"必得"在变文中只见"一定"义,如此则此例不应统计在内。

鱼,必须上岸,人便夺之。(朝野佥载卷四,101)[转引自王锳1992:124]

(26)益戒云:"地界未了,侍读、馆使必须别带得南朝圣旨来。……"(乙卯入国奏请,15)

(27)人每欲不见客,不知它是如何。若使某一月日不见客,必须大病一月。(朱子,2673)

(28)正如荀子不睹是,逞快胡骂乱骂,教得个李斯出来,遂至焚书坑儒!若使荀卿不死,见斯所为如此,必须自悔。使子静今犹在,见后生辈如此颠蹶,亦须自悔其前日之非。(同上,2619)

"必须、必"表必要时,义为"一定须要",语气强于表必要的"须、要"。

## 10.6 得(děi)①

助动词"得(děi)"表必要。可以肯定是这个意思的例子很少,例如:

(1)临别,再言:"学者须是有业次,须专读一书了,又读一书。"德明起禀:"数日侍行,极蒙教诲。若得师友常提撕警省,自见有益。"曰:"如今日议论,某亦得温起一遍。"(朱子,2741)

(2)(丑)我近来学得乌龟法。(合)得缩头时且缩头。(张协状元 24 出,567)②

助动词"得(dé)"可表条件可能,还可表准许(否定表禁止);这二

---

① 注音仅仅是为了与助动词"得(dé)"区分开来,并不是标注当时的读音。
② 钱南扬(1979:128)引了《五灯会元》中一例"得缩头时且缩头":
　　僧问:"如何是祖师西来意?"师曰:"入市乌龟。"曰:"意旨如何?"师曰:"得缩头时且缩头。"(中华书局 1984 年版 1047 页)

义与表必要的"得(děi)"完全不同。这个"得(děi)"的来源,我们不能确定。①

## 10.7 用

否定用法多只见表客观上不必要的例子,例如:

(1)猴行者曰:"但请前行,自然不用忧虑。"(取经诗话第五,239)

(2)此心自不用大段拘束他,他既在这里,又要向那里讨他?(朱子,2763)

下面是反诘用法的例子:

(3)今人以为此事如何秘密,不与人说,何用如此!(朱子,2778)

(4)春风如刀,春雨如膏,衲僧门下,何用忉忉?(虚堂和尚语录,395)②

---

① 太田辰夫(1958[1987:188])说:"'得'读 dei 的时候,表示'必要'(命令)或'必然'。恐怕是从'可能'的意义派生的。也就是说,'不得'有表示禁止的用法,它的肯定形式就成为'必要'(命令)了。""不得"确实可表禁止,但"得(dei)"却没有命令的语气,而是表示事实上或情理上需要。因此我们不同意太田先生的意见。

另外,太田辰夫(1988[1991:30])举到下面两例"得",认为是表必要:

沛公曰:"君为我呼入,我得兄事之。"(史记·项羽本纪)

祇域神乃如是,我促得报其恩。(署名后汉安世高译《奈女祇域因缘经》,14/899a)

这两例都是宋代之前的例子。"得"表必要,或许在宋代之前已经出现,但文献中实在罕见。

② 以上举的是否定和反诘用法的例子。"用"在《朱子语类》中还可以以肯定用法出现,表必要。例如:

本军每年有租米四万六千石,以三万九千来上供,所余者止七千石,仅能赡得三月之粮。三月之外,便用别擘画措置,如斛面、加粮之属。(朱子,2681)

某尝见吴公路云:"他作县,不敢作旬假。一日假,则积下一日事,到底自家用做,转添得繁剧,则多粗率不子细,岂不害事!"(同上,2734)

又曰:"临事须是分毫莫放过。如某当官,或有一相识亲戚之类,如此趋用分明,不肯放过。"(同上,2737)

司马迁《史记》用字也有下得不是处。贾谊亦然,如《治安策》说教太子处云:"太子少长知妃色,则入于学。"这下面承接,便用解说此义;忽然掉了,却说上学去云:"学者所学之官也。"(同上,2805)

大有事用理会在,某今只是觉得后面日子短促了,精力有所不逮;然力之所及,亦不敢不勉。思量著,有万千事要理会在,自是不容已。(同上,2948)

## 10.8 著、索

助动词"著"表必要。张相(1955:313)说:"着,犹得也;要也。"袁宾(1990:25—26)也指出宋代"著"有"须"义。① 这里仅举三例如下:

(1)若依彦冲差排,则孔夫子与释迦老子,杀著买草鞋始得。何故?一人"屡迁",一人"无所住"。(大慧普觉禅师书,221)

(2)如今看来,只有一个道理,只有一个学。在下者也著如此学,在上者也著如此学。(朱子,2697)

(3)到这个田地时,只恁地轻轻拈掇过,便自然理会得,更无所疑,亦不著问人。(同上,2859)

助动词"著"是由"用"义转化而来的。例如:

(4)便著多少银绢,怎生买得地土?(三朝,90)

(5)先生曰:"逐日所相与言者,宜著工夫,不用重说。"(朱子,2791)

张相(同上:311—312)举有不少可理解为"用"的一般动词"着"的例子。

在《三朝北盟会编》和《刘知远诸宫调》中,有7例"索、须索"作助动词:

(6)西京地本不要,止为去挈阿适须索一到。(三朝,79)

(7)若差人速来交割土地人民,即便回军通和。万一不从,须索提兵直到汴京理会也。(同上,161)

(8)儿子弟兄因为县中税赋未了,须索理会去。(刘知远,345)

---

① 表必要的"著"在我们所调查的文献中只见于宋代。不过,今福州方言、厦门方言仍可用"着"表必要。例如:
福州话:路嶒平,着细腻。(路不平,要小心。)[转引自冯爱珍 1998:417]
厦门话:路否行,你着斟酌。(路不好走,你要小心。)[转引自周长楫 1993:365]

(9) 潜龙怎住得,也须索离他庄户。(同上,355)

(10) 刘知远独上太原古道。次日到并州,询问居民。人说先索土军营见司公岳金,尚招人数未足。(同上,356)

(11) 不是假,也非干是梦里,索命归泉路。(同上,351)

(12) 向马前觑吏者颤颤兢兢,荒急忙分说。口内频言祸事也,五百儿郎尽索遭摧折。(同上,370)

前四例"索"与"须"合成"须索",表必要;例(10)"索"单用,表必要;例(11)(12)"索"表必然。助动词"索"是否与"求索"的"索"有关,不易确定。

## 10.9 由助动词复合而成的双音节助动词

**足可** 表条件可能。例如:

真定府与太原系邻路,足可相为应援。(三朝,131)

程其年力,汰斥癃老衰弱,招补壮健,足可为用,何必更添寨置军?(朱子,2705)

**应当** 在所考察的主要材料中,只见一例表盖然的例子:

洪义致怒,两手搭得棒烟生。假使石人,着后应当也伤损。(刘知远,349)

**合当** 表应当。例如:

仁只是流出来底,义是合当做底。(朱子,2797)

合当拘家家畜水警备。(同上,2654)

合当精练禁兵,汰其老弱,以为厢兵。(同上,2708)

**应须** 可以是道义类助动词:

他非不用频频举,已过应须旋旋除。(碧岩录22则)

石人机似汝,也解唱巴歌。汝若似石人,雪曲应须和。(同上96

则）

也可表主观判断，属认识类助动词：

诗书未必困男儿，饱学应须折桂枝。一举首登龙虎榜，十年身到凤凰池。（张协状元2出，506）

此雪应须还得下。（同上11出，532）

**须当**①、**须合**　表必要、应当。例如：

诸公唯唯，或曰"极是"，或曰"须当如此"，或曰"只得如此"。（三朝，167）

某为见此中人读书大段卤莽，所以说读书须当涵泳，只要子细看玩寻绎，令胸中有所得尔。（朱子，2928）

若道生做一世人，不可泛泛随流，须当了得人道，便有可望。（同上，2817）

臣等今来有此短见，盖为到边上所遇事理正与本职相关，须合委曲陈述奏请，伏望朝廷详察。（乙卯入国奏请，7）

益戒云："今来系是圣旨宣问侍读、馆使，须合应报。"（同上，8）

拜亲时须合坐受，叔伯母亦合坐受，兄只立受。（朱子语类·礼八，2332）

**须要**　表必要，这一时期常用。例如：

皇子又云："其天池久属当朝，自来以横岭为界，如今须要依旧。"（乙卯入国奏请，23）

了这一事，须要分缁素、别休咎。（碧岩录75则）

今来商议国事，须要说尽。（三朝，86）

"须要"之间也可以插入其他词语。例如：

今语道，则须待要寂灭湛静，形使如槁木，心使如死灰。（河南程氏遗书，31）

---

① "须当"较早见于六朝，从六朝到唐五代，"须当"少见，而"当须"多见。但这一时期，"须当"取代"当须"成为主要的运用形式。"当须"在所考察的主要材料中只见一例：

若所闻审的，当须奏知，岂敢不白知朝廷？（三朝，199）

学者须是要穷理,不论小事大事,都识得通透。(朱子,2893)

大抵人须先要趋向是。若趋向正底人,虽有病痛,也是白地上出黑花。(同上,2900)

下面三例"要"表意愿,"须"义为"必、一定":

某近来衰晚,不甚著力看文字。若旧时看文字,有一段理会未得,须是要理会得,直是辛苦!(朱子,2889)

今人做工夫,不肯便下手,皆是要等待。如今日早间有事,午间无事,则午间便可下手,午间有事,晚间便可下手,却须要待明日。(朱子语类·学二,135)

士毅寻常读书,须要将说心处将自体之以心,言处事处推之以事,随分量分晓,方放过,莫得体验之意否?(朱子,2879)

**须著、须用、须索** 表必要。"须著"例如:

今来涿州牒称,准北朝圣旨,恐于事理须著回报。(乙卯入国奏请,7)

庆裔云:"誓书有不提空并惹笔,须著换。"(三朝,93)

天生一个人,便须著管天下事。(朱子,2673)

做媒须着办几面笑。(张协状元14出,540)

"须用"只出现在《朱子语类》中,在《朱子语类》中较常见。例如:

今更巡一遍,所谓"温故";再巡一遍,又须较见得分晓。如人有多田地,须自照管,曾耕得不曾耕得;若有荒废处,须用耕垦。(朱子,2753)

先生云:"文振近看得文字较细,须用常提掇起得惺惺,不要昏晦。若昏晦,则不敬莫大焉。才昏晦时,少间一事来,一齐被私意牵将去,做主不得。须用认取那个是身,那个是心,卓然在目前,便做得身主。少间事物来,逐一区处得当。"(同上,2853)

"须索"见上一小节。

## 10.10 小结

这一时期,产生了表可能的"会"这个重要的助动词。唐五代的助动词"肯、敢、中、叵、烦、劳、假"已很少运用。① 下面列出这一时期主要的单音节助动词:

条件类:能、解、得、足、好、堪、容、可(表可能);须、要(表必要);用、消(用于否定和反诘,表不必要)。

道义类:可、得、容(表许可);合、当、宜、好(表应当);须、要、用(用于肯定表要求或劝告;用于否定表阻止或劝戒)。

"得(děi)、著、索"表必要,但在条件必要与道义必要二义上没有明显对立。

认识类:解、会、容(表可能);合、应、当(表盖然);须(表必然)。

估价类:足、可、好、堪。

---

① 可见少数用例。例如:
你言语也不中倚仗,此贵宝奴收赏。(刘知远,362)
争端在即,祸衅叵量。(三朝,120)
法师曰:"前去都无人烟,不知是何处所?"行者曰:"前去借问,休劳叹息。"(取经诗话第十,245)
人之所以思虑纷扰,只缘未实见得此理。若实见得此理,更何暇思虑!(朱子,2872)["暇"通"假"]
人须是"博学之,审问之,慎思之,明辨之,笃行之",……夫是五者,无先后,有缓急。不可谓博学时未暇审问,审问时未暇慎思,慎思时未暇明辨,明辨时未暇笃行。(同上,2941)["暇"通"假"]
在元曲中,仍能见到少数"肯、敢、中"用为助动词的例子(见张相1955:232、33、35—36、458—459)。

# 11. 元明时期的助动词系统

所考察的这一时期的文献材料主要是《新校元刊杂剧三十种》(徐沁君校)、明·臧晋叔编《元曲选》、《金瓶梅词话》(1—40回)。有时会用到《近代汉语语法资料汇编》(元代明代卷)中的材料(如《小孙屠》《老乞大》《朴通事》《团圆梦》等)。

## 11.1 能、能够

助动词"能"表条件可能,例略。这一时期,新出现了助动词"能够"①,这个助动词只表条件可能,在所调查的文献中没有发现"能够"表能力的用法。助动词"能够"在《元刊杂剧三十种》中出现35次,32次写作"能够",3次写作"能勾";在《元曲选》中则写作"能勾、能彀";在所调查的《金瓶梅》的部分,"能够"出现5次,都写作"能勾"。例如:

(1)俺与你扫除妖气,洗荡妖氛,不能够名标薄上,划地屈问厅前,想儿曹反谋帝王前,不由英雄泪滴枷梢上!(元刊杂剧·东窗事犯,535)

不能青史内标名,子落的钢刀下斩首。(同上,548)

(2)死临侵不能够葬故乡三尺荒丘,谁奠一盏北邙坟上酒!(元刊杂剧·陈季卿悟道竹叶舟,720)

---

① 在《近代汉语语法资料汇编》(宋代卷)中,只见一例"能够":
石崇相待宴罢,王恺谢了自回,心中思慕绿珠之色,不能勾得会。(宋四公大闹禁魂张,478)

死临侵,一命休,不能彀,葬故垓。从今后万古千秋,谁与你奠一盏儿北邙坟上酒?(元曲远·竹叶舟,1054)

(3)去了十七年,不能够见。(元刊杂剧·公孙汗衫记,380)

他去了十八年,不能勾见。(元曲选·合汗衫,137)

(4)又有若干好绵,放在家里一年有余,不能勾闲做得。(金瓶梅3回,40)

"能彀"的写法较"能勾、能够"繁复,应该是早期的写法。下三例"能勾"还不是助动词的用法:

(5)众公卿,众宰侯:别人有家私不能勾,有妻男不能守,有功名不能就。(元刊杂剧·晋文公火烧介子推,507)

(6)这开元通宝金钱,是圣人赐与我的,有谁人能勾?(元曲选·金钱记,27)

(7)我如今要他,怎么能勾?(元曲选·鲁斋郎,842)

这种"能勾"可能与助动词"能够"有一定的关系。①

## 11.2 得、足、足以

这一时期,"得"仍然可以表示条件可能。例如:

(1)关将军美形状,张将军猛势况,再何时得相访?(元刊杂剧·关张双赴西蜀梦,9)

(2)太守公事忙,且不得来,一径着妾等来伏事相公。(元曲选·扬州梦,799)

(3)把这窗孔的纸都扯了,一发着草布糊了,那般却蚊子怎么得入来?(朴通事,326)

---

① 北宋·秦观《满园花》词:"从今后,休道共我,梦见也,不能得勾。"(《全宋词》459页,中华书局,1965年)此例"能勾"被分隔开了。

(4) 西门庆因计挂着晚夕李瓶儿,还推辞道:"今日我还有小事,不得去,明日罢。"(金瓶梅 15 回,185)

"得"还可表许可,多以"不得、休得、莫得"等否定用法出现,义为"不准、不许"。"不得、休得"常见,"莫得"不见于所调查的《金瓶梅》的部分。这里仅举一例"莫得"的例子:

(5) 则我那开封府门神户尉,你与我快传示莫得延迟。(元曲选·生金阁,1733)

"足"多表估价,"足以"多表条件可能。"足"表估价时,多以否定及反问用法出现,而"可"表估价时,多以肯定用法出现。这种互补分布的结果是:"不足""何足"可视为词,而"可"常与后面的单音节动词构成复音词。下例可以看出这一点:

(6) 我死何足惜,只可惜我三百口家属几时得报!(元曲选·伍员吹箫,655)

这一时期,"足够"义除用"足"表示外,还可用"够"表示,"够"这个词在《元刊杂剧》中写作"够",在《元曲选》中写作"勾、彀",在《金瓶梅》中写作"勾"。"够"可以带 NP,例如:

(7) 那妇人人才够七八分,年纪不到四十岁。(元刊杂剧·岳孔目借铁拐李还魂,485)

　　那婆娘人材选七八分,年纪勾四十岁。(元曲选·铁拐李,505)

也可以带 VP 或小句宾语,例如:

(8) 俺江东有八十一郡锦绣封疆,便不图他这荆州,也尽勾受用哩!(元曲选·隔江斗智,1311)

(9) 吴二哥,你说借出这七八十两银子来,也不勾使。依我,取笔来写上一百两。(金瓶梅 31 回,390)

(10) 这一百两俸钱,也勾你养赡半世了,还要讨多哩!(元曲

选·对玉梳,1424)

大概是考虑到"够"可以带体词宾语,《现代汉语八百词》把"够"视为一般动词。丁声树等(1961)、朱德熙(1982)所谈的助动词都没有"够",我们在这里也把"够"算作一般动词。在清代,在"足够"义上,"够VP"已基本取代"足VP"。

## 11.3 会

表可能(认识类)。例如:

(1)呀,怎知道今日呵得遇这荣华。则俺个苍颜皓首一庄家,也会绯袍象简带乌纱。(元曲选·薛仁贵,330)

(2)若到我家买酒来,虽然不醉也会饱。(元曲选·硃砂担,392)

(3)(公子云:)难道你两个就没一个强弱?(正末唱:)俺两个都一般的谈笑会成功。(元曲选·马陵道,740)

(4)海棠,你这小贱人,适才员外是个好好的,怎生吃你这一口汤,便会死了?(元曲选·灰阑记,1114)

(5)嘿,你这老的,我在后面窨上取出来的,才放在地下,就会生了根?(元曲选·盆儿鬼,1400)

## 11.4 好

可表条件可能,义为"适合、方便、可以、能够、容易"等。例如:

(1)这的中做布碾,好做铺持。(元刊杂剧·马丹阳三度任风子,227)

这手帕中做布撚,好做铺尺。(元曲选·任风子,1679)

(2)打听的泗州好做买卖,我待就上泗州去。(元曲选·硃砂担,386)

(3)我自相别,来此江州,无时不思念大姐。只是无心腹人,不好寄书。(元曲选·青衫泪,892)

(4)儿也,这小姑娘还好救得么?(元曲选·桃花女,1035)

(5)若是他来时节,我抓了他那老脸皮,看他好做得人!(元曲选·玉镜台,92)

(6)敬德他一员猛将,如何这等好拿,我且问军师咱。(元曲选·单鞭夺槊,1179)

(7)嫂嫂,你如今真个不好过日子,不如跟着我一同回去住罢。(元曲选·任风子,1680)

(8)小姐,你可是谁家女子?通个来历,使小生日后好来迎娶。(元曲选·鸳鸯被,61)

(9)你说是什么人,我好渡你。(元曲选·伍员吹箫,654)

(10)你若心内不自在,早对我说,我好请太医来看你。(金瓶梅38回,503)

(11)妇人道:"我明日另寻一方好汗巾儿,这汗巾儿是你爹成日眼里见过,不好与你的。"(金瓶梅28回,359)

表条件可能的"好"可以受"只"修饰,这个"只好"的意思还不同于现代汉语。"只好"在元曲中又写作"则好、子好"。例如:

(12)(邦老云:)将来我吃。兄弟,你也吃一碗。(正末云:)您兄弟量窄,只好陪哥哥一小钟。(元曲选·硃砂担,390)

(13)兀的是那一个袁天纲算来的卦?这言语则好唬庄家。(元刊杂剧·公孙汗衫记,367)

我这里听言罢,这的是则好諕庄家。哎,儿也,你个聪明人,怎便听他谎诈?(元曲选·合汗衫,126)

(14)他子好酸寒乞俭,怎消得富贵荣华?(元刊杂剧·看钱奴买冤家债主,165)

(15)娘这个鞋,只好盛我一个脚指头儿罢了。(金瓶梅28回,361)

同宋代一样,"好"不仅可以表示条件可能,也可以表示应当或估价。表应当例如:

(16)只恁的天宽地窄,你也好别辨个贤愚,怎么的不分个皂白?(元曲选·赵礼让肥,995)

(17)你是我衙门里祇候人,怎么替犯人禀事?好打!(元曲选·灰阑记,1126)

表估价多出现在"好笑、好吃、好看"等组合之中,已同现代汉语一致,例略。

## 11.5  堪

最常见的意义是表估价,如"堪怜悯、堪爱、堪恨、堪笑、堪惊、堪羡、堪叹、堪夸、堪人敬、堪称许、堪画、堪嗤、堪玩赏"(均可见于《元曲选》)。"堪"也可表条件可能,义为"能够、适合"等。例如:

(1)消痞丸、木香分气丸、神芎丸、槟榔丸,这几等药里头,堪服治饮食停滞,则吃一服槟榔丸。(老乞大,285)

(2)元来书房就在后园里面,花木清幽,颇堪居止。(元曲选·张天师,175)

(3)现放着保亲的堪为凭据,怎当他抢亲的百计亏图?那里是明婚正娶?公然的伤风败俗。(元曲选·救风尘,205)

(4)小物不堪成大用,苏秦则是旧苏秦。快出去!快出去!(元曲选·冻苏秦,449)

(5)则你那建中汤,我想也堪医治。(元曲选·魔合罗,1386)

(6)婺州枣为魁,细嚼堪平胃。(元曲选·百花亭,1435)

## 11.6 可、可以

助动词"可"可表条件可能、许可、估价。"可以"可表条件可能、许可。这一时期,表许可仍多用"可"而很少用"可以"。下面仅举几例:

(1)当原指腹为亲,许了他,今日怎可番悔?(明·朱有燉《团圆梦》,342)

(2)从到他家,进门打了五十杀威棒。如今朝打暮骂,看看至死,可急急央赵家姐姐来救我。(元曲选·救风尘,197)

(3)酒为池可行舟楫。(元刊杂剧·辅成王周公摄政,647)

(4)今请军师众将商议,有何计可以得此宝剑?(元曲选·楚昭公,277)

例(1)(2)"可"表许可,例(2)"可"有祈请的意味。例(3)(4)"可、可以"表条件可能。

## 11.7 许

助动词"许"产生的过程同助动词"容、烦、劳"一致。一般动词"许"出现的完整的句法格式为:$NP_1$ 许 $NP_2$ VP。例如:

(1)你顶着鬼名儿会使乖,到今日当天败。谁许这满堂娇压你那莺花寨?也不是我黑爹爹忒性歹。(元曲选·李逵负荆,1530)

但是,"许"的否定用法"不许"所在的小句常常就是"不许 VP",这时,"许"可有两种理解:一是理解为"不许 $NP_2$ VP","许"仍为一般动词;二是理解为"$NP_2$ 不许 VP",这时"许"可视为助动词,表禁止。例如:

(2)嘱付你夫妻每休做别生活,再不许去杀人也那放火。(元曲选·盆儿鬼,1397)

上例理解为"再不许你夫妻去杀人放火"或者"你夫妻再不许去杀人放火"都是可以的。

一旦出现了"NP₂不许VP"这种格式,"许"就成为助动词,例如:

(3)立约之后,两家不许反悔。(元曲选·看钱奴,1593)

(4)三将军分付:止放小姐一辆翠鸾车、梅香一骑马,其余不许进来。(元曲选·隔江斗智,1307)

## 11.8  合、该、应、当、宜

表应当或盖然。在具体的上下文中,有以下几种情况:

一是表示应当实施某种还未实施的行为:

(1)这厮不小心,惊觉老夫睡,该打这厮也。(元曲选·潇湘雨,258)

(2)受人之託,必当终人之事。(元曲选·陈州粜米,49)

(3)妈妈须是早早回归,路途上自宜小心。(南戏戏文《小孙屠》,161)

二是表示本应当实施某种行为,但实际未实行;否定用法则表示本不当实施某种行为,但实际上已实行:

(4)你不合先发头怒。(元刊杂剧·诈妮子调风月,117)

(5)若有妨碍,你也该与小姑娘说一声儿。怎么眼睁睁的看他死了也!(元曲选·桃花女,1035)

(6)张千,将这老子打上八十,为他不应塑魔合罗,打着者!(元曲选·魔合罗,1386)

(7)嗨,丞相,想韩信立下如此功劳,也不当就将他杀坏了也。

(元曲选·赚蒯通,81)

三是表示主语应当得到或遭受什么。这一类意义仍表应当,但助动词后带的不是行为动词,这是与前两类不同的地方:

(8)寡人待刷室女,选宫娃。你避不的驱驰困乏,看那一个合属俺帝王家。(元曲选·汉宫秋,1)

(9)这句话早该豁口截舌!(元刊杂剧·关大王单刀会,81)

(10)你须是平王的冢孙,这位该是你的。(元曲选·伍员吹箫,664)

(11)此人平日之间,不敬天地,不孝父母,毁僧谤佛,杀生害命,当受冻饿而死。(元曲选·看钱奴,1586)

四是表示理当会怎么样,这时候,助动词是表应当还是表盖然,很难分清:

(12)子房公免忧,看英布统戈矛,今番不是夸强口,楚项籍天丧宇宙,汉中王合霸军州。(元刊杂剧·汉高皇濯足气英布,302)

(13)若论着多多为胜,咱也合赢。(元曲选·梧桐雨,352)

(14)庞涓合是今朝灭。(元曲选·马陵道,751)

五是对已发生的事件或已存在的状态进行推断,助动词表盖然:

(15)他去时三十岁也。去了十八年,如今该四十八岁。(元曲选·合汗衫,132)

(16)我已将公主囚在府中,这些时该分娩了。(元曲选·赵氏孤儿,1477)

(17)若非真武临凡世,便应黑煞下天台。(元曲选·单鞭夺槊,1185)

"该"是这一时期新产生的助动词,它是由"欠"这个意思引申而来的。如果某人欠了什么,那么他就承担了一定的义务。① 请看下面两例:

---

① 艾乐桐(1985:13)指出:"在很多语系的语言中,'欠'和'义务'的表示方法有着很密切的联系。"

(18)父亲你去时问刘员外借了十个银子,本利该二十个银子。(元曲选·鸳鸯被,68)

(19)我父亲许久不回,本利该还二十个银子。(同上,65)

例(18)"该"义为"欠",为一般动词;例(19)"该"表应当,为助动词。

助动词"该"可以置于句首。请看下例:

(20)(张千云:)今日谁该当直?……(娄青做见正末科,云:)喏,该是孩儿每娄青当直。(正末云:)娄青,该你当直,你敢勾人去么?(元曲选·生金阁,1729)

上例第三个"该"置于句首,"该你当直"强调应当是"你"而非他人当直,这类"该"容易被理解为"轮到"。在《金瓶梅》中,有"轮该"连用的例子:

(21)一日轮该花子虚家摆酒会茶,就在西门庆紧隔壁。(金瓶梅11回,128)

在《现代汉语八百词》中,干脆就给"该"分出了"轮到"这项意义,视为一般动词。

"合、该、应、当、宜"五个词,这一时期最常用的是"合、该"①。"应"多用于表盖然。"宜"多用于表应当,但有时仅仅表示"适宜、适合",没有情理上应当怎样的意思。例如:

(22)柳絮堪搐,似飞花引蕊,纷纷谢。莺燕调舌,此景宜游冶。(元曲选·黑旋风,694)

## 11.9 要、用、消、消得

下三例"要"表条件必要:

(1)我丈人是个王枢密,谁敢欺负我!我打死人,又不要偿命,

---

① 助动词"合"在元曲中常见,但在《金瓶梅》前四十回只有12例,多出现于判词及诗词。

到兵马司里坐牢。(元曲选·谢金吾,597)

(2)(做拜踢倒酒饼科,柳云:)呀,刚只得这一饼儿酒,又踢翻了,如何是好?(胡云:)待兄弟再去买来。(孙大云:)不要去买,我家里有的是好酒。(元曲选·杀狗劝夫,98)

(3)(正旦云:)掉了我枣木梳儿也。(解子云:)掉了罢,到前面别买个梳子与你。(正旦云:)哥哥,你寻一寻,到前面你也要梳头哩。(元曲选·潇湘雨,255)

前两例"不要",现代汉语一般说"不用"。"要"还可表道义必要,这个意思在祈使句中最明显,例不烦举。表必要的"要得"在所调查的这一时期的文献中未见。

"用"以否定和反诘用法出现。带祈使语气与不带祈使语气的"不用"分属道义类和条件类助动词,各举一例如下:

(4)我如今上路途,你听我再嘱付:则要你抚恤军卒,爱惜民户,兄弟和睦,伴当宾伏。从今一去,有的文书,申到区区,再也不用支吾,你跟前你跟前敢做主。(元曲选·丽春堂,909)

(5)元帅,那单雄信只消差三将军去拿他,也不用多拨人马,只一人一骑,包拿来了。(元曲选·单鞭夺槊,1180)

"消、消得"表条件必要①。以否定和反诘用法出现,或以"只消、只消得"出现。这里仅举"只消得"的例子:

(6)尽交山列着屏,草展着裀,鹤看着家,云锁着门,子消得顺天风驾一片白云,教他那宣使乘的紫藤兜轿稳。(元刊杂剧·泰华山陈抟高卧,196)

只消的顺天风坐一片白云,煞强似你那宣使乘的紫藤兜轿稳。(元曲选·陈抟高卧,725)

---

① 有的"消得"是"消受得、享受得"的意思,与表条件必要的"消得"意义不同;这类"消得"的否定式是"消不得"而非"不消得"。例如:

又不是风流天宝新人物,子是个落托长安旧酒徒。怎消得明圣主,赐一领滅酒护身符。(元刊杂剧·李太白贬夜郎,447)

不索你插钗下财纳采,有甚消不的你展脚伸腰两拜?(元曲选·两世姻缘,985)

## 11.10 须、须得、索、得(děi)

都可表必要,但到底表条件必要还是道义必要,没有明显对立。六朝至宋代,"须"用于祈使较常见,但这一时期这种用法少见,这使得"须"到底是表条件必要还是道义必要,变得不明显。助动词"须、索"常见①,这里仅举"须得、得"的例子:

(1)何须得母亲劳困,有多少远路风尘。(元刊杂剧·死生交范张鸡黍,591)

(2)这咱晚端的有甚缘故?须得到家瞧瞧。(金瓶梅17回,205)

(3)我和你去不济事,还得怀身的亲自去掷杯珓儿,便灵感也。(元曲选·合汗衫,124)

(4)(扬州奴云:)哥,他那里买东西去了,这早晚还不见来?(胡子传云:)小哥,还得我去。(元曲选·东堂老,220)

"须、索"还可表必然。例如:

(5)此人如今军权太重,诚恐日后倘有歹心,须连累我保奏之人。(元曲选·赚蒯通,71)

(6)俺孩儿行一步必达周公礼,发一语须谈孔圣书。俺孩儿不比尘俗物,怎做那欺兄罪犯,杀嫂的凶徒!(元曲选·救孝子,769)

(7)那婆子便向妇人道:"好呀,好呀!我请你来做衣裳,不曾交你偷汉子。你家武大郎知,须连累我。不若我先去对武大说去。"(金瓶梅4回,50)

(8)我待横三杯在路旁,都无二十日索身亡!(元刊杂剧·好

---

① 助动词"索"在元曲中多见,但在《金瓶梅》前四十回中只有一例作助动词的"须索",未见"索"单用作助动词。

酒赵元遇上皇,126)

(9)见他的不动情,你便都休强,则除是铁石儿郎,也索恼断柔肠。(元曲选·玉镜台,86)

(10)似这雪呵,教冻苏秦走投无计,王子猷也索访戴空回。(元曲选·杀狗劝夫,104)

## 11.11　由助动词复合而成的双音助动词

足可　表条件可能。例如:
一厦茅庵足可居。(元刊杂剧·马丹阳三度任风子,221)

堪可　义为"可以、能够、适合",表条件可能。例如:
(正末云:)你兄弟打扮做庄家后生,可是如何?(宋江云:)这等便堪可去。(元曲选·黑旋风,688)

员外,常言道:风雪是酒家天。虽然是这等,堪可饮几杯也。(元曲选·忍字记,1059)

眼见元帅妙计,堪可瞒过诸葛,稳取荆州也。(元曲选·隔江斗智,1304)

大户知不容此女,却赌气倒陪房奁,要寻嫁得一个相应的人家。大户家下人都说武大忠厚,见无妻小,又住着宅内房儿,堪可与他。(金瓶梅1回,11)

应当、合当、合应、合该、应该　表应当。例如:
看老夫的面,应当打时节,则骂几句罢。(元曲选·老生儿,367)

这金环也只在我家权顿寄,我应当吃不出首的官司罪,他乱打拷教我招承个甚的。(元曲选·还牢末,1614)

经济道:"……你既要鞋,拿一件物事儿,我换与你。不然,天

抎也打不出去。"妇人道:"好短命！我的鞋应当还我,教换甚物事儿与你?"(金瓶梅28回,358)

  臣合当金瓜碎脑。(元刊杂剧·辅成王周公摄政,655)
  饮酒合当饮巨瓯。(元曲选·谢天香,155)
  姐姐见赐之意,小生合当拜受。(元曲选·玉壶春,476)
  犯天条合应受苦。(元曲选·冤家债主,1145)
  这军役是俺家的,小人合该当军去。(元曲选·救孝子,758)
  俺齐国今年合该进茶。(元曲选·马陵道,746)
  叵奈顽民,簸弄钱神,便应该斩首云阳,更揭榜晓谕多人。(元曲选·神奴儿,575)

下例"合该"是表应当还是表盖然,很难分清:

  彭祖,你今日安然,明日无事,到后日午时,合该土炕上板殭身死。(元曲选·桃花女,1020)

**须当、索合**　表必要、应当。例如：

  你须当起五更。(元刊杂剧·严子陵垂钓七里滩,633)
  我家有老母,即日须当拜辞元帅,回家侍养母亲去也。(元曲选·赚蒯通,75)
  则教你怎生消受,我索合再做个机谋。(元曲选·救风尘,199)
  你休得要硬抵讳,休得要假疑惑,我索合从头推勘你。(元曲选·后庭花,945)

**须索、须要、索要**　表必要。"须索、须要"在元曲中常见。例如：

  老身闻的相公呼唤,不知有甚事,须索走一遭去。(元曲选·竹坞听琴,1446)
  凡为将者,须要深习兵书,广看战策。(元曲选·百花亭,1440)
  你道是精神抖擞,又道是机谋通透,雄信兵来,索要相持,你合承头。(元曲选·单鞭夺槊,1180)

学士你德行如颜子,也索要风流仿谢安,我劝你且开颜。(元曲选·风光好,529)

在元曲中还能见到"须索要":

小姐,到那里须索要小心些。(元曲选·隔江斗智,1307)

## 11.12 小结

与宋代相比,助动词"解①、容、要得、著"在这一时期基本消失,但新增加了"能够、许、该"三个助动词。下面列出这一时期主要的单音节助动词(包括双音节助动词"能够"):

条件类:能、能够、得、足、可、堪、好(表可能);要(表必要);用、消(用于否定和反诘,表不必要)。

道义类:可、得(表许可);许(用于否定,表禁止);合、该、当、宜、好(表应当);要(用于肯定表要求或劝告,用于否定表阻止或劝戒);用(用于否定,表阻止或劝戒)。

"须、索、得(děi)"表必要,但在条件必要与道义必要二义上没有明显对立。

认识类:会(表可能);合、该、应、当(表盖然);须、索(表必然)。

估价类:足、可、好、堪。

---

① 元曲中"解"可表条件可能,但很少见。顾学颉、王学奇(1990:101—102)有例证。我们举一例如下:

唱彻阳关,重斟美酒,美酒解消愁。(元曲选·东坡梦,1244)

# 12. 清代的助动词系统

(附:现代汉语的助动词系统)

所考察的这一时期的文献材料是《红楼梦》和《儿女英雄传》。在考察过程中,将把这一时期的助动词同前代的助动词以及现代汉语普通话口语的助动词进行比较。

## 12.1 能、能够、得、可、可以

"能、能够"可以表示条件可能。例略。

普通话已不用助动词"得",但在《红楼梦》及《儿女英雄传》中,还有不少"得"表条件可能的例子,"得"表许可也能见到。表条件可能如:

(1)这会子我要到太太们那里去,不得和你说话儿,等闲了咱们再说话儿罢。(红楼梦11回,97)

(2)宝玉……正是不自在,又听袭人叹道:"只从我来这几年,姊妹们都不得在一处。如今我要回去了,他们又都去了。"(同上19回,163)

(3)太太打发人来告诉二爷,明儿一早往舅舅那里去,就说太太身上不大好,不得亲自来。(同上52回,433)

(4)姑娘,我死不足惜,只是我读书一场,不得报父母的大恩,倒误了父母的大事,已经十死莫赎了!(儿女英雄传8回,84)

(5)姐姐,你我此一别,不知几时再得见面?(同上10回,108)

上面几例"得",普通话说"能、能够"。下面是"得"表许可的例子:

(6) 一回儿,有两个内监出来说:"贾府省亲的太太奶奶们,着令入宫探问;爷们俱着令内宫门外请安,不得入见。"(红楼梦 83 回,703)

(7) 贾瑞忙吆喝:"茗烟不得撒野!"(同上 9 回,85)

(8) 纪望唐见了,赶紧挽起先生来,一面喝禁:"兄弟,不得无礼!"(儿女英雄传 18 回,202)

(9) 只听他爬在地下高声叫道:"众兄弟休得上前,这位女英雄也且莫动手!……"(同上 15 回,169)

上面几例"得",普通话一般说"不许、不准、不要"。

助动词"可、可以"都可表许可、条件可能,但自六朝以来,"可以"的出现频率一直不及"可",表许可多用"可"而少用"可以"。这一时期仍是如此。助动词"可以"在《红楼梦》中有 125 例,在《儿女英雄传》中有 74 例,出现频率仍远不及"可"。但在普通话口语中,助动词"可"已不用,表许可、条件可能肯定用法"可以",否定和疑问多用"能"①;普通话没有"不可以"的说法。

## 12.2 会

表可能(认识类)的"会"在宋代产生之后,一直沿用到现代汉语。这里仅举两例:

(1) 我们屯乡里的人不会病的,若一病了就要求神许愿,从不知道吃药的。(红楼梦 113 回,911)

(2) 他在厅柱上绑着,请想,怎的会咕咚一声倒了呢?(儿女英雄传 6 回,57)

---

① 请求许可时,既可以用"可以",也可以用"能"。"能进来吗"、"可以进来吗"都成立。

这一时期,现代汉语中表可能(认识类)的助动词"可能"仍未出现。下面说明"可能"与"会"的区别。丁声树等(1961:90)说:"'不可能'是一定不能,比'不能、不会'的语气要确定得多。"反之,"能、会"的语气要比"可能"确定。但是,在反问句中,受反问语气的影响,"会"实际等同于"可能"。下例见吕叔湘(1942—1944[1990:250]):

(3)你别着急呀!难道那么大个人会丢了?(儿女英雄传 35 回,473)

## 12.3  好

"好"产生于六朝,从唐代到现代汉语,它一直是非常活跃的助动词。这一时期,"好"的用法已同于现代汉语,多义为"容易、便于",表条件可能。例如:

(1)便是叫名字,从小儿直到如今,都是老太太吩咐过的,你们也知道的,恐怕难养活,巴巴的写了他的小名儿,各处贴着叫万人叫去,为的是好养活。(红楼梦 52 回,436)

(2)自父亲死后,见哥哥不能依贴母怀,他便不以书字为事,只留心针黹家计等事,好为母亲分忧解劳。(同上 4 回,39)

(3)却说秦氏因听见宝玉从梦中唤他的乳名,心中自是纳闷,又不好细问。(同上 6 回,56)

(4)太太听见有人给公子提亲,连忙问道:"说得是谁家?"老爷道:"太太不必忙着问,这门亲不好作,大约太太也未必愿意。……"(儿女英雄传 2 回,16)

元明时期,"只好"的意思还不同于现代汉语(见 11.4 节);这一时期,"只好"已与现代汉语同义,表示客观情况迫使这样做,即表客观条件必要。吕叔湘(1942—1944[1990:255])说:"表示可能的词,加一'只'字,如'只能'、'只好'、'只得'、'只会',把他的可能性缩小,就成为表示必要或必然。"①下面是吕先生所举的"只好"的例子:

(5)如今弄多少是多少,也只好是集腋成裘了。(儿女英雄传 3 回,27)

## 12.4 许、准

助动词"许"例略。助动词"准"产生的过程同助动词"烦、劳、容、许"一致。一般动词"准"出现的完整的句法格式为:$NP_1$ 准 $NP_2$ VP。例如:

(1)十三妹转毫不在意,如同没事人一般,只说了句:"你就洗了手,我也不准你动!"(儿女英雄传 9 回,96)

下例"不准"可以理解为"不准你高声",也可以理解为"你不准高声";依前者则仍是一般动词,依后者则为助动词:

(2)他一见女子进来,吓的才待要嚷,那女子连忙用手把他的头往下一按,说:"不准高声!……"(儿女英雄传 6 回,66)

下例为"$NP_2$ 不准 VP","准"是助动词:

(3)才待举步,姑娘一把拉住他道:"你不准走!"(儿女英雄传 28 回,348)

类似例(3)这样可确定是助动词的例子在《红楼梦》中未出现。助

---

① 表示客观条件必要的"只得"在我们所调查的文献中较早出现于宋代。例如:
　这僧依旧无奈这老汉何,只得饮气吞声。(碧岩录 2 则)
　诸公唯唯,或曰"极是",或曰"须当如此",或曰"只得如此"。(三朝,167)
表客观条件必要的"只能"一直到《红楼梦》《儿女英雄传》中还未见到,它的出现,应该是很晚的事。除"只能、只好、只得"外,元曲中"只索"也为"只得、只好",表客观条件必要。"只索"又写作"则索、子索",例子甚多,这里仅举一例:
　他来呵眼见的去前殿后宫里搜,子索向深山大林里走。(元刊杂剧·楚昭王疏者下船,151)

动词"许、准"除可用于否定,还可以以"只许、只准"的形式出现。例如:

(4)亲丁男人只许在宫门外递个职名,请安听信,不得擅入。(红楼梦83回,703)

(5)那知那栅栏是钉在墙上的,不曾封号以前,出入的人只准抽开当中那根木头,钻出钻入。(儿女英雄传34回,453)

## 12.5 该、应该、应当、该当、合该

上面几个助动词,这一时期最常用的是"该",其余都出现得较少:"应该"作助动词在《红楼梦》有7例,在《儿女英雄传》有3例;"应当"作助动词在《红楼梦》有2例,在《儿女英雄传》未出现;"该当"作助动词在《红楼梦》有2例,在《儿女英雄传》有4例;"合该"作助动词在《红楼梦》有6例,在《儿女英雄传》有2例。助动词"合、应、当、宜"在这一时期基本已消失。"该"可表应当、盖然,仅各举一例如下:

(1)老爷,这正该喜欢,怎么倒伤起心来呢?(儿女英雄传1回,11)

(2)这句又说莽撞了,如若林妹妹在时,又该生气了。(红楼梦109回,882)

下面是"应该、应当、该当、合该"的例子①:

(3)论理我不比别人,应该里头伺候。(同上29回,245)

(4)如今我父亲没了,妈妈应该做主的,再不然问哥哥。怎么问起我来?(同上95回,789)

(5)老爷虽然应当管教儿子,也要看夫妻分上。(同上33回,

---

① 《红楼梦》中有一例"该应":
事事我常劝你,总别听那些俗语,想那俗事,只管安富尊荣才是。比不得我们没这清福,该应浊闹的。(71回,596)
在韩邦庆用吴语写作的《海上花列传》(最初发表于1892年)中,表应当常用"该应"。

274)

(6)明日还是节下,该当早起。(红楼梦 22 回,191)

(7)请示母亲:这事该当怎样才好？儿子不得主意。(儿女英雄传 12 回,123)

(8)凤姐儿听了,哼了一声,说道:"这畜生合该作死,看他来了怎么样!"(红楼梦 11 回,99)

(9)四则也是他命中注定,合该有这场大难。(儿女英雄传 5 回,50)

以上七例都表应当,下例"应该"表盖然：

(10)我只不解,算你两个都认真读过几年书,应该粗知些文义罢了,怎的便贯通到此？这却出我意外!(儿女英雄传 33 回,428)

## 12.6　要、用、须、须得、须要、消

唐代以来,"不要"可以表不需要,也可以带祈使语气,表阻止或劝戒。但这一时期,"不要"多只表阻止或劝戒,与现代汉语一致。客观上不必要一般说"不用"而不说"不要"。"不要"例略。

下例的"要"表事实上需要,属条件类助动词：

(1)这园子盖才盖了一年,如今要画自然得二年工夫呢。又要研墨,又要蘸笔,又要铺纸,又要着颜色,又要……(红楼梦 42 回,348)

助动词"用"以否定和反诘用法出现,可以表不需要,也可以表阻止或劝戒,现代汉语的"甭"("不用"的合音)仍是如此。各举一例如下：

(2)刘姥姥笑道:"别哄我了,茄子跑出这个味儿来了,我们也不用种粮食,只种茄子了。"(红楼梦 41 回,336)

(3)不用和我甜嘴蜜舌的,我可不信这样话！(同上 35 回,287)

这一时期,"须、须得"仍很常用。由于"须、须得"无论是肯定式还是否定式,都不带很强的祈使语气,因此,它到底是表条件必要还是道义必要,不易区分。这里仅举"须得"的例子:

(4)凤姐儿道:"太太只管请回去,我须得先理出一个头绪来,才回去得呢。"(红楼梦 13 回,111)

(5)我眼前还有些未了的小事,须得亲自走一荡,回来你我短话长说着。(儿女英雄传 5 回,49)

"须"在唐五代至元明时期有"一定"的意思,在这一时期,这个意思消失了。在现代汉语中,表必要的"须、须得"也消失了。表必要的"须要"自六朝产生以来,一直沿用到现代汉语。这里仅举两例:

(6)今日各自进去,孤孤凄凄,举目无亲,须要自己保重。(红楼梦 119 回,951)

(7)从此你我三个人须要倡随和睦,同心合力侍奉双亲,答报天恩,也好慰岳父母于地下!(儿女英雄传 28 回,347)

这一时期仍有"消",以否定、反诘用法或"只消"的形式出现,但未见与"消"同义的"消得"。

## 12.7  得(děi)

表必要的助动词"得"在《红楼梦》《儿女英雄传》中常用。在《红楼梦》中,这类"得"共出现 89 例,其中,带 VP 有 60 例,带小句宾语有 29 例。例如:

(1)我这会子得快出去打发太爷们并合家爷们吃饭。(11 回,95)

(2)若是行令,又得叫鸳鸯去。(108 回,877)

(3)都是你闹的,还得你来治。(57 回,477)

(4)奴才说是说了,还得太太告诉老太太,想个万全的主意才好。(96 回,796)

## 12.清代的助动词系统

在《儿女英雄传》中,表必要的助动词"得"出现了289例,其中,带VP有262例,带小句宾语有27例。例如:

(5)一去一回得走多大工夫?(4回,40)

(6)这话得先讲在头里。(26回,309)

(7)我们不行哟,还得你老人家操心哪!(15回,158)

(8)这话我可是白说,主意还得姑太太自己拿。(40回,570)

丁声树等(1961:92)提到现代汉语的"得"可以表示必然,所举的例句为"快下大雨。要不快走,得挨浇了"。这类"得"在《红楼梦》中未出现,在《儿女英雄传》中有3例:

(9)一去一来又得耽悮工夫,你明日起身又可多走半站。(3回,33)

(10)从前几日姊妹两个便私下商量定了,要等他回家的第一晚,便在自己屋里备个小酌,给这位新探花郎贺喜开酒。却也未尝不虑到人家的气长,自己的嘴短,得受人家几句俏皮话儿,一番讨人嫌的神情儿。(37回,506)

(11)孔夫子给子华他们老太太的米,那是行人情,自然给的是串过的细米,那得满打满算。给原思的米,是他应关的俸禄,自然给的是没串过的糙米。糙米串细米,有一得一,准准的得折耗二成糠秕,刨除"二九一八",核算起来,下余的正是"九八七二"的八折。(39回,539)

"得"也可作一般动词、带体词宾语,义为"需要"。这类"得"在《红楼梦》《儿女英雄传》中分别出现了16例、17例,例如:

(12)一天一夜也得多少油?(红楼梦25回,210)

(13)邓九公先就说:"好极了。"因又向安老爷道:"老弟,看我说我的事都得我们这姑奶奶不是?"褚大娘子道:"是了,都得我哟!到了留十三妹,我就都不懂了!"(儿女英雄传16回,176)

## 12.8 值得、配

这两个词是这一时期新出现的估价类助动词。① 先秦以来表估价的助动词"足"这一时期已基本消失;"可、好、堪"虽可以表估价,但通常不单用,而是与后面的动词结合为复音词,如"可笑、可惜、好笑、堪叹"等等。

"值得"指有价值、有好处、有意义;助动词"配"的主语多限于人,指"有资格"。② 各举两例如下:

(1)什么难事,也值得去学!(红楼梦 48 回,394)

(2)你只合我简简捷捷的说话,这也值得说了没三句话又背上这么一大车书!(儿女英雄传 33 回,428)

(3)除了他,别人不配作芙蓉。(红楼梦 63 回,528)

(4)大约你也必该认得他,并且除了你别人也不配认得他。(儿女英雄传 15 回,164)

元曲中有"值得、值、配、配得",但都用为一般动词,下面举"值、值得、配得"的例子:

(5)这袄子是故衣,只值二升米。(元刊杂剧·小张屠焚儿救母,780)

(6)我打死你这贼,值得甚的!(元曲选·伍员吹箫,650)

(7)老丞相,你将甚么配得我这八宝珠衣的?(元曲选·丽

---

① 助动词"值得"在《金瓶梅》前四十回中已见一例:
我自作耍子,不值得便当真起来。好不识人敬!(1回,20)
② "配"通常用于否定和反诘,肯定句中的"配"前常有副词"只、才"等。类似下例单独出现于肯定句的"配"少见:
湘云道:"老太太太疼的孙子是二哥哥,难道二嫂子就不疼了么!况且宝姐姐也配老太太给他做生日。"(红楼梦108回,876)

春堂,904)

## 12.9 小结

这一时期表达各类情态义的主要的助动词如下:

条件类:能、能够、得、可、可以、好(表可能);要(用于肯定,表必要);用、消(用于否定和反诘,表不必要)。

道义类:可、可以、得(表许可);许、准(用于否定,表禁止);该、应该、应当、该当、合该(表应当);要(肯定表要求或劝告,否定表阻止或劝戒);用(用于否定,表阻止或劝戒)。

"须、须得、须要、得(děi)"表必要,但在条件必要与道义必要二义上没有明显对立。

认识类:会(表可能);该、应该(表盖然);得(děi)(表必然)。

估价类:值得、配。

## 12.10 现代汉语的助动词系统

这里附带提及现代汉语普通话口语的助动词系统。我们主要是依据朱德熙先生的《语法讲义》来判定现代汉语的助动词,同时参照《现代汉语八百词》。

条件类:能、能够、可以、好(表可能);要(用于肯定,表必要);用(用于否定,表不必要)。

道义类:可以(多用于肯定,表许可);能(多用于否定和反诘,表不许可);许、准(用于否定,表禁止);应该、该、应当(表应当);要(肯定表要求或劝告;否定表阻止或劝戒)。

"得(děi)"可以表示事实上需要或情理上必要,但二者无明显对立。

认识类：可能、会（表可能）；该、应该（表盖然）；一定、得(děi)（表必然）。

估价类：值得、配。

下面作几点说明：

一、助动词"可能"是现代汉语才产生的助动词，它在《红楼梦》《儿女英雄传》中都还尚未出现。在老舍的《四世同堂》中，作名词、形容词的"可能"有26例，助动词"可能"只出现1例：

(1)他很想悬梁自尽，假若不是可能在五分钟内就吃上烧饼的话。(《老舍文集》第五卷(人民文学出版社1983年版)477页)

除这27例以外，还出现了8例"可能的VP"，例如：

(2)他想，这样的人可能的作汉奸。(同上268页)

(3)那具死尸可能的是她自己！(《老舍文集》第六卷(人民文学出版社1984年版)136页)

此外还有1例"可能的NPVP"：

(4)他已不是什么老寿星，可能的他将变成老乞丐，死后连棺材都找不到！(《老舍文集》第五卷398页)①

《四世同堂》创作于1944—1949年。我们共调查了老舍194万字的作品，除《四世同堂》外，"可能"在老舍解放前的作品中出现了27例，只有1例作助动词，其余都作名词或形容词；"可能"在老舍解放后的作品中出现了25例，有20例作助动词，5例作名词或形容词。

二、现代汉语中的"一定"一般视为副词，但郭锐(1999:68)说："'一定'可以受'不'修饰，可见不是副词，而且不能受'很'的修饰，也不是形

---

① 太田辰夫(1970—1972[1991:286])提到：在以北京话写成的清末小说《小额》(刊于1908年)中，通常不必加"的"的副词，有很多加"的"的例子。如"这件事情，本来的麻烦"。"可能的VP"、"可能的NPVP"与这种现象相关。

容词,而是一个动词;又由于可以带真谓词性宾语,表示情态意义,所以'一定'是助动词。"本文同意这种意见。表必然的"一定"在元曲中已出现①,例如:

(5)我看的那姪儿满腹文章,一定是做官的,故此将你许配了他。(元曲选·潇湘雨,249)

(6)一定是这小厮发意生情,杀了他嫂嫂也。(元曲选·救孝子,768)

但直至《红楼梦》《儿女英雄传》中,都未见有"一定"受否定词"不"修饰的例子;而且,在《儿女英雄传》中,还有"一定的VP"的例子:

(7)大凡人受了惊恐,胆先受伤;肝胆相连,胆一不安,肝叶子就张开了,便藏不住血;血不归经,一定的奔了心去;心是件空灵的东西,见了浑血,岂有不模糊的理?(6回,58)

(8)我开口第一句,可便是这句话,他绝不肯说到报仇原由,一定的用淡话支吾;他但一支吾,我第二句便是这句话。(16回,181)

由于以上两点,我们认为"一定"大概是在现代汉语才成为助动词。

元代之前,"一定"还是"确定、固定"的意思。例如:

(9)得道之士,外化而内不化。外化,所以入人也;内不化,所以全其身也。故内有一定之操,而外能诎伸、赢缩、卷舒,与物推移,故万举而不陷。(淮南子·人间训)

(10)宜于山阜之曲,三遍熟耕,漫散橡子,即再劳之。生则薅治,常令净洁。一定不移。(齐民要术·种槐、柳、楸、梓、梧、柞,358)

---

① 在《近代汉语语法资料汇编》(宋代卷)中,只见一例表必然的"一定":
王殿直道:"我久闻得做道路的有个宋四公,是郑州人氏,最高手段;今番一定是他了。"(宋四公大闹禁魂张,483)

(11) 盖主宰运用底便是心,性便是会恁地做底理。性则一定在这里,到主宰运用却在心。(朱子语类·性理二,90)

(12) 以仁属阳,以义属阴。仁主发动而言,义主收敛而言。若扬子云:"于仁也柔,于义也刚。"又自是一义。便是这物事不可一定名之,看他用处如何。(朱子语类·性理三,121)

(13) 然阴阳动静,又各互为其根,不可一定求之也。(朱子语类·论语十四,823)

(14) "吉凶者,贞胜者也。"这一句最好看。这个物事,常在这里相胜。一个吉,便有一个凶在后面来。这两个物事,不是一定住在这里底物,各以其所正为常。(朱子语类·易十二,1940)

三、朱德熙先生列出了"应、应该、应当、该"四个表应当的词。在口语中其实并不用"应"。"应该、应当、该"三个词在老舍、王朔作品中的使用频率如下:

老舍戏剧(31.6 万字):应该 31 次(10.3%),该 152 次(50.5%),应当 118 次(39.2%)。

王朔小说(26.8 万字):应该 52 次(45.2%),该 62 次(53.9%),应当 1 次(0.9%)。

由上可见,"该"一直最活跃,但"应当"与"应该"的地位则倒了个;"应当"在老舍作品中还常用,现在已基本不用。"应该、该"可表应当,也可表盖然,但"应当"一般不用于表盖然,在老舍作品 118 例"应当"中,没有发现表盖然的例子。

四、唐五代至清代,"不用"既可以表示不必要,也可以用于祈使句表示阻止或劝戒。但现代汉语"不用"只表示不必要,在祈使句中表示阻止或劝戒用"甭"而不用"不用"(见朱德熙 1982:65)。对于"甭"和"别",本文遵从一般的处理,视为副词。

五、近代汉语的助动词"须要"在现代汉语中分化为两个词:一个写作"需要"①,倾向于表客观必要,《现代汉语八百词》视为一般动词。朱德熙先生也未将之列在助动词之内。这个词为什么可视为一般动词,我们将在 13.6 节详细讨论。二是仍写作"须要",倾向于表情理上必要,《现代汉语八百词》视为助动词;不过这个词只出现于书面语。

---

① "需要"的写法直至《红楼梦》《儿女英雄传》都还尚未出现。在我们所调查的文献中,只见到个别"需"用如助动词:

冷氏听罢,道:"这先生既说卦象不好,我丈夫不需烦恼,我同你去东岳还个香愿,祈禳此灾便不妨。"(杨温拦路虎传,《近代汉语语法资料汇编》(宋代卷)419 页)

# 13. 总结

## 13.1 助动词系统历史发展的概貌

殷墟甲骨文及西周金文时期,助动词系统很不发达,情态意义主要由语气副词承担。在春秋战国时期,助动词系统已基本成型;除去凝固结构"可以、足以",这一时期的助动词有9个:克(在战国中期消失)、能、得、获、足、可、宜、当、欲。语气副词的意义比助动词空灵,情态意义改由助动词承担,是语言精密化的表现。

两汉时期,助动词系统较先秦有了发展。这一时期的助动词有12个:能、得、足、足以、可、可以、肯、宜、当、应、欲、须。与春秋战国相比,助动词"克、获"消失,新增加了五个助动词:至迟在两汉凝固成词的"足以、可以"、表条件可能的"肯"、表应当的"应"、表必要的"须"。这一时期助动词的发展,还体现在出现了助动词的连用形式。

六朝时期,助动词系统变得复杂。共有25个助动词:能、得、足、足以、肯、中、好、堪、任、办、容、可、叵、可以、宜、当、应、合、欲、欲得、须、要、烦、劳、用。新增加了可表条件可能的"中、好、堪、任、办、容",表不可能的"叵",表应当的"合、欲得",表必要的"要、烦、劳",只用于否定表不许可的"用"。这一时期,新出现了很多助动词的连用形式。这些连用形式并不稳定,主要表现在词语内部可以"换位",如"足可、可足""应当、当应""宜当、当宜""当须、须当"等。

唐五代时期的助动词有31个(包括5个由助动词复合而成的双音

节助动词:足可、应当、应须、当须、须要):能、解、得、足、足以、肯、敢、中、好、堪、容、可、叵、可以、宜、当、应、合、须、须得、要、烦、劳、用、假、消。较六朝相比,助动词"任、办、欲、欲得、用"消失了,新增加了表条件可能的助动词"解、敢"以及表必要的助动词"须得、用、假、消"。六朝时期的助动词的连用形式大多已不再出现,原因有二:一是有的助动词已不常用,如"宜、容",由它们参与构成的连用形式已基本消失;二是助动词连用的顺序已固定。

宋代的助动词有 35 个(包括 10 个由助动词复合而成的双音节助动词:足可、应当、合当、应须、须当、须合、须要、须著、须用、须索):能、得、足、足以、解、会、好、堪、容、可、可以、合、应、当、宜、要、要得、消、消得、须、须得、得(děi)、用、著、索。与唐五代相比,"肯、敢、中、叵、烦、劳、假"已基本不用,新增加了助动词"会、要得、消得、得(děi)、著、索"。

元明时期的助动词有 36 个(包括 12 个由助动词复合而成的双音节助动词:足可、堪可、应当、合当、合应、合该、应该、须当、索合、须索、须要、索要):能、能够、得、足、足以、会、好、堪、可、可以、许、合、该、应、当、宜、要、消、消得、须、须得、得(děi)、用、索。与宋代相比,助动词"解、容、要得、著"消失,新增加了助动词"能够、许、该"。

清代的助动词较之前代大大简化,共有 23 个:能、能够、得、可、可以、会、好、许、准、该、应该、应当、该当、合该、要、用、须、须得、须要、消、得(děi)、值得、配。

现代汉语普通话口语的助动词共有 17 个:能、能够、好、可能、会、一定、可以、许、准、该、应该、应当、要、用、得(děi)、值得、配。较清代相比,少了"得、可、该当、合该、须、须得、须要、消"八个助动词,新产生了"可能、一定"两个助动词。

综上所述,助动词系统在春秋战国基本成型,经过汉代的发展,到六朝变得复杂。到了清代,助动词系统开始简化,现代汉语的助动词系统较清代又有了进一步的简化。

## 13.2 助动词的来源

助动词的来源主要有两个:一是来源于一般动词,二是来源于形容词。来源于一般动词的可分为以下几组:

一是"肯、克、能、堪、任、解、会"。这几个词由表能力的动词引申为表可能。它们的本义不完全相同,因而发展路线又有区别:"克、肯"由"肩任"义发展而来;"能"由表技能、体能、才能等的一般动词"能"发展而来;六朝出现的助动词"堪""任"分别由"承担得起""担负"义发展为"胜任"义,再由"胜任"义发展为助动词;唐五代出现的助动词"解"以及宋代出现的助动词"会"由"懂得、领会"义发展而来。

二是"得、办"。这两个词分别由达成义"得以""办成"转化为表可能。助动词"得"出现于春秋战国,助动词"办"只盛行于六朝。

三是"肯、敢"。这两个词由意愿义转化为表可能。助动词"肯"出现于东汉,助动词"敢"出现于唐五代。

四是"当、应、合、该"。这几个助动词都可表应当。"当"始见于春秋战国,由"承当""面临"义引申而来;"应"较早见于东汉,"合"较多出现始于南北朝,这两个词由"符合、适合"义引申而来;"该"始见于元代,由"欠"义引申而来。

五是"须、用、假、著"。这几个词可表必要。助动词"须"出现于东汉,由"等待"义引申而来;"用、假"较多出现是在唐五代,由"凭借"义引申而来;"著"只见于宋代,由"用"义引申而来。

六是"值得、配"。分别由一般动词"值得"及义为"匹配"的"配"转化而来。

"容、烦、劳、许、准"也是由一般动词转化而来,但与上面提到的助动词又有不同,它们并不是通过词义引申产生的。下面以"容"为例加以说明。"容"作一般动词时,所出现的完整的句法格式为:NP₁ 容 NP₂ VP。不过,由于汉语中省略现象司空见惯,这样完整的格式反而少见。"容"用于否定和反诘时,所在小句常常就是"不容 VP""岂容 VP"等,这时,句子可有两种理解:一是理解为"不容 NP₂ VP""岂容 NP₂ VP"等,"容"仍为一般动词;二是理解为"NP₂ 不容 VP""NP₂ 岂容 VP"等,这时"容"可视为助动词。在"NP₂ 不容 VP"等格式中,"容"可确定为助动词。

来源于形容词的助动词有"足、可、宜、中、好"。"可、宜、中"本义都为"适宜、适合"。"足、可、宜、好"转化为助动词,找不到带体词宾语这个中间环节,因此我们推测:助动词用法的产生,是由于形容词带上了 VP,或者是由于形容词移位到了 VP 之前。① 形容词"中"转化为助动词,中间有带体词宾语、作一般动词这一环节,助动词"中"的直接来源是一般动词"中"(参见 6.3 节)。

表必要的"要"的来源比较特殊,是由义为"终归、总之"的副词"要"转化而来的。少数助动词来源于合音,如"不可"合音为"叵","须要"合音为"消"。

以上谈的主要是单音节助动词的来源,双音节助动词大多是由单

---

① 白晓红(1997:222)认为"可、足"由形容词发展为助动词,经历了一个活用为动词、带 NP 的阶段。所举的活用的例子为:
  心不知道,则不可道而可非道。(荀子·解蔽)
  足国之道,节用裕民。(荀子·富国)
  庆氏之邑足欲,故亡。(左传·襄 28 年)
我们不太同意这种观点。一是因为这类活用的例子很少见,不足以证明"可、足"发展为助动词之前,有作一般动词使用的阶段;二是因为"可、足"活用后,意思变化很大,"可"义变为"以……为可","足"义变为"使……足",而助动词"可、足"的意思与形容词义差别不大。
  助动词"宜"在先秦有带 NP 的例子,如"之子于归,宜其室家"(诗·周南·桃夭)。但这类"宜"义为"对……有宜",不太容易转化为助动词"宜"。

音节助动词复合而成的。"足以、可以"由助动词"足、可"与介词"以"凝固而成。见于六朝的表必要的助动词"欲得"以及六朝以后出现的表必要的助动词"须得、要得、消得"可能是由"可得、能得"等结构类推而来的。现代汉语的助动词"可能"来源于形容词"可能","一定"来源于义为"确定、固定"的副词"一定"。

少数助动词的来源不能确定，比如只见于六朝、用于否定表不许可的"用"，宋代出现的"得(děi)、索"，元代出现的"能够"。

## 13.3 一般动词引申为助动词的两个主要因素

一般动词引申为助动词，与主语以及宾语的范围的扩大有很大关系。

主语的范围一旦由指有生命物扩大到指无生命物，动词一般就不再表能力或意愿，而转化为表可能。"能、堪、任、解、会、肯、敢"都是如此。

当宾语的范围由 NP 扩大到 VP 时，一般动词转化为助动词，表必要的"用、假、著"以及表估价的"值得、配"即是如此。

当宾语由自主动词扩大到非自主动词时，一般动词转化为助动词。先秦的"肩、克"虽然只带指有生命物的主语，但由于其后可接非自主动词，所以也有表示条件可能的助动词的用法。马庆株(1988[1992:43])说："自主动词和非自主动词都能出现在'可以、会、能'之后，表面看来似乎都一样，其实不然。这几个助动词都有两个意思：(1)可能，(2)有能力。它们的意思受后面动词的影响，后面动词是自主动词，前面的'可以、会、能'就既可以表示有可能，又可以表示有能力。……后面动词是非自主动词的时候，这些助动词就只表示可能。"

## 13.4 助动词的竞争

这个问题可从两方面来谈:一是几个意义相同或相近的词有的发展为助动词,有的没能发展为助动词。比如先秦"善""能"都能表示擅长做某事,但"善"并未发展为表可能;近代汉语中,"解、会、快、惯"都可表技能,"快、惯"例如:

(1)快㩳三翼舟,善乘千里马。(寒山诗24首)

(2)小子最快说梦,又会解梦。(张协状元2出,507)

(3)说他善搠枪、快使刀、能抡棍。(元刊杂剧·公孙汗衫记,362)

(4)你敢惯打水?我不惯打水。(老乞大,268)

"解、会"发展为了表可能的助动词,但"快、惯"并未发展为助动词。又如东汉时"须"由"等待"义引申为表必要,但与"须"同义的"待"并未发展为表必要的助动词。

二是几个助动词意义相同或相近,但其中一个在竞争中占据上风,促使其他助动词逐渐消亡。比如助动词"能"在战国中期替代了助动词"克";"得、获"在春秋战国都由"获得"义发展为表可能的助动词,但"获"在春秋战国并未得到广泛运用;"堪、任"在六朝都由"胜任"义转化为表可能的助动词,但"任"在竞争中处于下风,它在唐五代已很少见,而助动词"堪"一直运用到元明时期;表必要的助动词"须、著、索"意义相当,但"著"只见于宋代,而"索"只盛行于元代。

助动词"当、应、合、该"意义相当。助动词"当"产生于春秋战国,盛行于两汉及南北朝。"应"产生于东汉,在六朝与"当"并存且地位相当。助动词"合"在南北朝开始较多出现,在唐五代取得了与"应"同等的地位。唐五代,"当"已不及"合、应"常用,"合、应"在意义上又有分工:

"合"多表应当,"应"多表盖然。在宋代、元代,"合"的用例远远多于"应、当"。助动词"该"在元代产生之后,迅速取代"合、应、当"成为最常用的表应当、盖然的助动词。助动词"宜"在东汉已不常用,但它与"当、应、合、该"不完全同义,它在语气上略轻于后四个词,它可能直到清代才在口语中消失。

## 13.5 助动词词义的发展

单个助动词的意义往往不止一项,下面谈助动词内部词义发展的情况。认识类助动词可以表示可能、盖然、必然,道义类助动词可以表示许可、应当、必要,条件类助动词可以表示可能、必要。为了表述的简便,我们用"认识可能""认识必然""道义许可""道义必要""条件可能""条件必要"等称呼来标明可能、必然、许可、必要等意义所属的类别。

### 13.5.1 条件可能向认识可能发展

吕叔湘(1942—1944[1990:250])说:"表示一件事情的'或然性',多数借用表能力或许可的词,如'会''能'(反诘句)[1],这些原是动词;'许'字原来也是动词,但'或许''也许'已用如普通限制词,可以和'会'字用在一句之内。"吕先生所说的"或然性"即本文所说的"认识可能";上面的话说明,表反诘的"能"可以表示认识可能,义为"会、可能"。对于这类"能",吕先生举了两例:"没错儿,我还能冤您吗?""我想,他又不是小孩子,又是本地人,那能说丢就丢了呢?"朱德熙(1982:62)也指出:"'会、能、可能'表示客观可能性。"所举"能"的例子也是一个反问句:"干这种事的人还能是好人?"朱先生认为这例"能"是"可能"的意思。

---

[1] "反诘"的限定是针对"能"说的,而不包括"会",因为吕先生紧接着举了是非问句中"会"表"或然"的例子。

这类"能"本来是表示"能够"的"能",但是反问所带的说话者强烈的怀疑语气使之有了"可能"的意思。用于反诘而可以理解为"可能"的"能"在古汉语中也有。这里仅举三例:

(5)国无主,其能久乎!(左传·襄29年,1163)

(6)凡《尔雅》、《三苍》、《说文》,岂能悉得苍颉本指哉?(颜氏家训·书证,515)

(7)他又不是这位姑娘肚子里的蛔虫,如何能体贴得这样到呢?(儿女英雄传10回,102)

表条件可能的"得"用于反问句,也会带上"可能"的意思。例如:

(8)上好羞,则民暗饰矣;上好富,则民死利矣。二者,乱之衢也。……上好富,则人民之行如此,安得不乱?(荀子·大略,503)

(9)根生,叶安得不茂?源发,流安得不广?(论衡·异虚,215)

(10)见贵当须避,知强远离他。高飞能去网,岂得值低罗?(王梵志诗卷四198首)

(11)(搽旦云:)兀那厮,甚么官人、娘子!我是夫人,他是我的伴当。(关胜云:)休斗我耍,那得个伴当和娘子一坨儿坐着吃酒?(元曲选·争报恩,157)

(12)这样旷野地方,那得有如此的丽人,必是神仙下界了。(红楼梦116回,929)

义为"可能"的"能、得"是附着于反诘语气之上的,所以我们没有把这类意思独立出来。但是,这种情况说明:条件可能有向认识可能发展的趋势;只要带上说话者的主观意见,"能、得"就不再表示主语能够不能够怎么样,而是表示推测事件或状态发生的可能性。

条件可能向认识可能的转化,还可以从助动词"肯、解"的发展看出

来。"肯"在汉代、六朝可表条件可能(见5.4节、6.2节)。例如:

(13)我五百弟子今朝燃火,了不肯燃,是佛所为乎?(中本起经,4/151a)

在唐五代,"肯"有了"会"的意思(见8.3节)。例如:

(14)春至由来发,秋还未肯疏。(上官昭容《奉和翦䌽花》)[转引自张相1955:231]

"解"在唐五代由表能力的动词发展为助动词,表条件可能(见8.2节)。例如:

(15)师子乳能除假乳,信诚心解遣邪心。(双恩记,925)

在宋代,"解"有了"会"的意思(见9.2.2节)。例如:

(16)若是自家有个操柄时,便自不解到得十分走作了。(朱子,2789)

判定"肯、解"由表条件可能发展为表示认识可能,主要是看助动词后的主要动词对于当事者来说是否是消极的、否定的、反常的;如果是,那么助动词表示的意思就不再是主语能够不能够,而是推测事件或状态会不会发生。

先秦的助动词"克"、六朝产生的助动词"堪、任"、元代产生的助动词"能够"都未由条件可能发展出认识可能的意思。①

### 13.5.2 条件可能向道义许可发展

吕叔湘(1942—1944[1990:248])指出:白话可以用"好"表示许可。转引一例如下:

(17)又不好回来,又不好进去,遂把脚步放重些。(红楼梦67回,564)

---

① 《现代汉语八百词》指出:现代汉语中,表示有可能很少用"能够",比如不说"你看能够不能够下雪"。

这例"好"是"便于"的意思,实表示客观条件许可。"条件许可"本文归入了"条件可能",没有独立出来。

但是,反诘语气能够使这类"好"带上"道义"的色彩,这时"好"可以理解为"可以"。比较下面的例子:

(18)走了这半日,人说道这是裴妈妈家,不好进去,我咳嗽一声。(元曲选·青衫泪,883)

(19)亲家母,孩儿去了,不好留的你,多慢了也。(元曲选·秋胡戏妻,545)

(20)虽然是输赢输赢无定,也须知报应报应分明。难道紫金锤就好活打杀人性命?我便死在幽冥,决不忘情。(元曲选·陈州粜米,39)

(21)张士贵,你就要混赖他的功劳,这个岂是小事,好混赖的?(元曲选·薛仁贵,317)

前两例"好"还是"便于"的意思,并不是说合理不合理。但后两例是反问句,说话者的态度明显,"好"说的就是合理不合理的问题;后两例"好"表示道义许可。

古汉语中,反诘语气也可以使表示条件可能的"能"附加上情理的色彩,因而可以理解为表许可。例如:

(22)荀叔曰:"吾与先君言矣,不可以贰。能欲复言而爱身乎?虽无益也,将焉辟之?且人之欲善,谁不如我?我欲无贰,而能谓人已乎?"(左传·僖9年,329)

(23)富辰言于王曰:"请召大叔。诗曰:'协比其邻,昏姻孔云。'吾兄弟之不协,焉能怨诸侯之不睦?"(左传·僖22年,395)

(24)帝壮,或闻其母死,非真皇后子,乃出言曰:"后安能杀吾母而名我?我未壮,壮即为变。"(史记·吕太后本纪,402)

太后安能杀吾母而名我!我壮即为所为。(汉书·外戚传上,

3940)

(25)且贤君者,各及其身显名天下,安能邑邑待数十百年以成帝王乎?(史记·商君列传,2228)

(26)人生一世间,安能邑邑如此!(史记·淮南衡山列传,3080)

(27)汉家有正法,王犯纤介小罪过,即行法直断耳,安能宽王?(史记·三王世家,2118)

(28)是反为非,虚转为实,安能不言?(论衡·对作,1183)

(29)人生贵得适意尔,何能羁宦数千里以要名爵?(世说新语·识鉴10条)

(30)然我垂死,赖其济命,感识其恩,未能酬报,何能生心,当害于此?(贤愚经,4/366c)

(31)于时夜久更深,沉吟不睡,彷徨徙倚,无便披陈。彼诚既有来意,此间何能不答?(游仙窟,2)

(32)师一朝言曰:"大丈夫当离法自净,焉能屑屑事细行于布巾耶?"(祖堂集卷四,药山和尚)

(33)次日望之入城,具奏耶律忠交割珠玉之意及邦昌所说。上云:"已错了。"又云:"恁地后,怎生整顿得起?"望之奏云:"三镇岂能交割?势必用兵。……"(三朝,154)

古汉语中,表道义许可的"好、能"是附着于反诘语气之上的①,因此本文未把这类意思独立出来。现代汉语普通话口语中,"能"在否定、反诘用法中代替"可以"表许可,这时可以认为"能"有了表许可的独立用法。

但在古汉语中确实有由条件可能发展为道义许可的词,这就是

---

① 否定用法尤其是双重否定有时也会使"能"带上"情理"的色彩,较明显的一例是西周金文的这例"不能不":我不能不罣县白(伯)万年保。(县改簋,123)

"得"。3.3.2节已指出:在先秦,表许可的"得"在《论语》《左传》《孟子》《吕氏春秋》中共出现39例,都以否定和反诘用法出现。在否定用法中,表可能与表许可有时还区分不开,例如:

(34)殖之有罪,何辱命焉?若免于罪,犹有先人之敝庐在,下妾不得与郊吊。(左传·襄23年,1084)

但在反问句中,"得"的许可义就非常明显。例如:

(35)曰"同恤王室",子焉得辟之?(左传·昭25年,1459)

到了汉代,表许可的"得"可用于肯定句(见5.2节),这时它就摆脱语气的限制而完全独立了。

"得、能、好"表许可,起初都附着于反问语气,是表条件可能的助动词的一种特殊用法。但表许可的"得"很早就发展为独立的用法;而"能"直至现代汉语才得以在否定句和反问句中取代"可以"表许可("能"表许可,仍不能出现于肯定句;在除反问以外的其他疑问句中,"可以""能"都可表许可);"好"表许可,始终没能发展为独立的用法。

### 13.5.3　条件可能向估价发展

助动词"足、可"既可表条件可能,也可表估价。表条件可能贴近"足、可"的本义,表估价也含有"够不够、能不能"的意思,但这种"够不够、能不能"是对事物内在价值的评估,因此,我们推测估价义是由"条件可能"义发展而来的。助动词"好"在六朝出现,表条件可能,估价义在唐五代始多见。助动词"堪"在六朝出现条件可能与估价二义,估价义当是由表条件可能的"堪"和表能力的"堪"转化而来。

### 13.5.4　条件必要向道义必要发展

条件必要与道义必要有区分不开的情况。二者最明显的对立,表现在六朝至宋代的"不须"、唐五代至元明时期的"不要"、唐五代至清代的"不用"、唐五代的"不假"都有两个意义：一是表不必要，为条件类；二是带祈使语气，表阻止或劝戒，为道义类。后者是后起的，本来是借用"不必要"这个意思来缓和语气，但运用多了就失去了缓和语气的意味，而是只表示阻止或劝戒（见8.14节）。

条件必要向道义必要发展，从"须、事须"的发展也能看得很清楚。助动词"须"在东汉出现时，大多还是表条件必要，并没有"道义"的意味（见5.11.2节）。"事须"在六朝开始出现时也是表示条件必要，可以拆开理解（见6.12节）。变文中的"事须"有表条件必要的例子，但更多的是带祈使语气，表示说话者的要求或劝告，这时候，"事须"已不能拆开理解；"事须"在金元剧曲里写作"是须"，带祈使语气，已由最初的表示条件必要完全转化为表示道义必要（见8.12节）。

### 13.5.5　条件必要向认识必然发展

这类发展可从助动词"须、得(děi)、索"以及副词"必须"的发展上看出来。"须、必须"在东汉出现必要义，在唐五代又发展出"一定"义，表必然。助动词"索"在我们所调查的文献中较早出现于宋代，当时已有必要、必然二义。表必要的助动词"得(děi)"也是较早出现于宋代，在清代开始常用；但直至《儿女英雄传》中，表必然的"得"都还非常少见（参见12.7节），我们推测"得"表必然，大概是在现代汉语中才较多出现。①

现在的问题是：必然义到底是由条件必要发展而来的，还是由道义必要发展而来的。我们认为是由条件必要转化而来的。以"得(děi)"来说，它不带祈使语气，并没有很强的道义必要的意思；大部分情况下

---

① 敦煌变文中有两例"得"特殊，似表必然：
　　饶君铁石为心，亦得亡魂胆战。（变文·大目乾连冥间救母变文，1032）
　　目连虽是圣人，亦得魂惊胆落。（同上，1028）

它表示条件必要,当然有的情况下同情理上必要区分不开。"得"表必然,应该是由条件必要转化而来的。另外,表条件必要的"须、必须、得",有时暗含有"一定"义,各举一例如下:

(36)老夫有一侄儿,乃是陈世英。见在西洛居住,数年不见。闻知上朝取应,须打此地经过,必然来拜见老夫。(元曲选·张天师,175)

(37)张叶走马上任,五鸡山必须经过。(张协状元 36 出,591)

(38)到了尖站,安公子从这晚上起,就盼望赶露儿来,左盼右盼,总不见到。华忠说:"今日赶不到的,他连夜走,也得明日早上来。大家睡罢。"(儿女英雄传 3 回,31)

### 13.5.6　应当义向盖然义发展

比如"宜"表应当始见于西周金文,表盖然始见于春秋战国;"应"表应当始见于东汉,表盖然始见于六朝;"应当"表应当始见于东汉,表盖然始见于六朝;"应该"表应当始见于元代,表盖然始见于清代。有的助动词如"当、合、该、合该"在同一个时期可见表应当、表盖然二义,但从"当、合、该"引申为助动词的过程来看,仍然可知应当义在前。"宜当""当应""宜应""合当""合应""该当"等词语未见有表盖然的例子。

### 13.5.7

上面谈到了助动词词义发展的六条路线:条件可能→认识可能、条件可能→道义许可、条件可能→估价、条件必要→道义必要、条件必要→认识必然,以上五条路线说明条件类助动词可向认识类、道义类、估价类助动词发展;应当→盖然,这条路线说明道义类助动词可向认识类助动词发展。

王力先生在《中国现代语法》中谈"能愿式"时,几次提到"主观""客观"。比如谈"配"时说:"'配'字表示有这资格。这是最主观的一个字。"(王力(1943—1944[1985:110]))又如谈"须"时说:"'须'字表示环境或情况所需要,是主观中稍带客观。"(同上:111)又如谈"该"时说:"'该'比'须'的主观性重些。关于道德方面,只能用'该',不能用'须'。"(同上:111)又说:"咱们说话,往往不能纯任客观。咱们对于事情的可能性、必然性、必要性,等等,喜欢加以判断或推测,于是咱们的话里掺杂着咱们的意见。"(同上:106)由这段话可知王先生谈到的"主观性",指的是"掺杂着说话人的意见";反之,不掺杂说话人的意见,就是"纯任客观"。①

本文所谈的认识类助动词表示说话者的推测,是主观性助动词。道义类助动词又可细分两类:一是带祈使语气,表说话者的指令,如"(不)许、(不)准"以及现代汉语的"不要",这一类主观性明显;二是表示从情理而言,施事者可以、应当、须要实施某事,如表应当的"应、当、该",这一类主观中稍带客观,因为说话者是以"情理"为依据来说话的,而非单纯依据个人意志。道义类助动词表示说话者的态度,也是主观性助动词。本文所说的估价类助动词,表示说话者的评价,同样是主观性助动词。但是本文所说的条件类助动词,包括条件可能、条件必要两类,指的是客观条件下的可能性和必要性;这类助动词,并不传达说话者的意见,是客观性助动词。

上面提到的六条路线,前五条路线说明客观性助动词可向主观性

---

① 朱德熙(1982:62—63)谈到助动词"能、能够、可以、会、可能、得(dé)"时说:"这一类助动词都表示可能,所谓可能指的是以下几种情况。'能、能够、可以、会'表示主观能力做得到做不到。……'会、能、可能'表示客观可能性。……'能、能够、得、可以'表示环境或情理上许可。"朱先生在这里提到的"客观可能性",是与"主观能力"相对而言的,与本文所谈的"客观""主观"不能混同起来。吕叔湘(1942—1944[1990:246—247])在谈到"可能"这类意义时说:"总括起来说是'可能':分开来说,有指能力毂得到毂不到说的;有就旁人或环境或情理许可不许可说的。还有不含能力或许可的意思,仅仅估计将成事实与否的,这是最客观的可能,即'或然性'。"吕先生所谈的"客观",与朱德熙先生所谈的"客观"一致。

助动词发展,第六条路线反映主观性助动词内部的发展。

一般所说的表能力、意志的助动词不传达说话者的意见,也是客观性"助动词"。这类"助动词"可以直接发展为主观性助动词,比如"会"在宋代由表能力发展为表认识可能。

人的认知领域可以分为三类:一是现实世界域,二是逻辑推理域,三是言语行为域。① 客观性助动词所表述的情态意义属于现实世界域,主观性助动词所表述的情态意义属于逻辑推理域(认识类、估价类)和言语行为域(道义类)②,客观性助动词向主观性助动词引申,如同空间词向时间词引申一样,符合从具体到抽象的思维规律。

## 13.6 条件类助动词的地位

从主观性、客观性来说,条件类助动词应与表示能力、意志的动词归为一类,因为它不带主观性。下面讨论这类助动词的地位。

丁声树等(1961:89)说:"动词能带体词宾语,如'上北京','下棋','唱歌'。助动词不能带体词宾语,'肯下棋'成话,'肯棋'不成话。'会'字'得(děi)'字是助动词又是动词。'会说俄文','会'字是助动词,'会俄文','会'字是动词。'得费三天工夫','得'字是助动词,'得三天工夫','得'字是动词。"这里要讨论的是"得费三天工夫"以及"得三天工夫"中的"得"。这两个"得"明明是一个意思,义为"需要",仅仅根据"得"后是 VP 还是 NP,就把它一分为二,一为助动词,一为动词,是很不合理的。下面两例"得(děi)"是同样的情形:

(39) 那柳茂英将着二十载绵花,要我女孩儿睡一夜,尚然不

---

① 见沈家煊(1997:75)。
② 说话者使用道义类助动词时,他同时实施了一项行为:给予许可、劝告、要求、指令等等。含道义类助动词的话语实际是表述"行为"。

肯,如今嫁与你做了个夫人,岂可没些财礼?至少也得一千两!(元曲选·对玉梳,1423)

(40)再讲到那枝孔雀花翎的贵重,只看外省有个经费不继,开起捐来,如那班坐拥厚资的府厅司道,合那班盘剥重利的洋商盐商,都得花到上万的银子,才捐得这件东西到头上。(儿女英雄传40回,558)

本文在1.3节谈到助动词与一般动词的区分时,也是根据"要"后的宾语把"要"一分为二:带NP为一般动词,带VP或小句宾语为助动词。从下面两个句子可以看出这种做法不合理:

(41)想是哥儿如今有了房中的事情,要滋助的药,可是不是?(红楼梦80回,681)

(42)如今要用敛阴止血的药,方可望好。(同上97回,800)

这两例"要"一带NP,一带VP,但都是"需要"的意思,在词性上将之一分为二也是不合理的。

类似的情况还有"消":

(43)妇人便往房里开箱子,搬出六十锭大元宝,共计三千两,教西门庆收去,寻人情上下使用。西门庆道:"只消一半足矣,何消用得许多!"(金瓶梅14回,167)

还有"用":

(44)所以凡历朝中跳梁猖獗之小丑,到了如今竟不用一干一戈,皆天使其拱手俛头缘远来降。(红楼梦63回,531)

(45)元帅,那单雄信只消差三将军去拿他,也不用多拨人马,只一人一骑,包拿来了。(元曲选·单鞭夺槊,1180)

"须、须得、须要、假、消得"等也有带NP与带VP、小句宾语都义为"需要"的情况。总而言之,当表必要的动词表条件必要也就是义为"需要"时,它不能保证后面的宾语只是谓词宾语而不出现体词宾语。但

"只能带谓词宾语,不能带体词宾语"是助动词的一条最重要的特征;不满足这条特征的动词,够不上"辅助性的动词"的资格。因此,本文所说的表条件必要的助动词其实不是典型的助动词。表道义必要的助动词,比如"应该、(不)许、(不)准"等等,表示从情理或说话者的意志而言,施事者可以、应当、须要实施某事,只有这些助动词才能保证不带体词宾语而只带谓词宾语。

以上谈的是"条件必要",至于表条件可能的"能够、得、可以(成功)"等词,由于来源的原因,它们不能带体词宾语,因此它们与一般动词的纠葛,没有表条件必要的助动词明显。

从助动词的整体来看,条件类助动词处于形容词、一般动词向主观性助动词过渡的中间阶段。就表条件可能的助动词而言,它处于形容词、一般动词(主要是表能力、意愿的动词)向认识可能、道义许可、估价发展的中间阶段。一方面,表条件可能的助动词与一般动词有难以区分的例子,比如"克、能、堪、任"。另一方面,条件可能与认识可能、道义许可、估价也有难以区分的例子,比如助动词"能、解"有时既可理解为"能够",也可理解为"会、可能"。事实上,现代汉语的"能"只要带上重音,表示说话者强烈的怀疑、否定,"能"就会由"能够"义转化为"可能"义或"可以"义,比如"他不能来"一句,正常情况下义为"他不能够来",但"能"如果重读,就可理解为"可能";"他不能去"一句,正常情况下义为"他不能够去",但"能"如果重读,就可理解为"可以"。反诘语气的"能"之所以由"能够"义转化为"可能"义或"可以"义,也是因为反诘语气携带说话者的观点,它使"能"由客观性助动词转化为了主观性助动词。如果表能力或意愿的动词没有经过"条件可能"这一环节,直接转化为表示认识可能的助动词,比如"会",那么,一般动词与助动词的区别是很明显的。如果一个动词只表示能力,人们一般也不会把这个词视为助动词,比如"擅长",虽然它满足朱德熙先生归纳的助动词的五个特点,但语法书并不把它视为助动词。

就表条件必要的助动词而言,它处于一般动词向道义必要、认识必然发展的中间阶段。条件必要与道义必要存在着交叉,"须、要、得(děi)、著、索"等助动词,到底是表条件必要还是情理上必要有时区分不清;也就是说,这些词是否掺杂有说话者的意见,有时很难判断。如果一个词只表示客观条件必要,那么,把这个词划归为一般动词是完全可行的。现代汉语中的"需要"表示客观条件必要,《现代汉语八百词》视之为一般动词而不视为"助动词";而存在于现代汉语书面语的"须要",表示情理上必要,《现代汉语八百词》视助动词。现代汉语的"不用",也只表示客观上不必要,语法书并不把"用"视为助动词。古汉语中的"消、烦、劳",多以否定和反诘用法出现,表示"不需要"这个意思,这三个词也可以就视为一般动词。

条件类助动词同一般动词一样,它自身就是句子所表达的命题意义的一部分,它的语义控制范围只限于后面的宾语;而主观性助动词的语义控制范围是整个命题。"不许你进去","许"的语义控制范围是后面的宾语"你进去","许"为一般动词;而"你不许进去","许"的语义控制范围是整个命题"你进去","许"为助动词。吕叔湘(1990:567—568)在谈到判断词"是"时说:"这里说是字是'前谓语',如果用转换生成语法的'深层结构'理论来说,也可以说是是高一级的谓语。比如说,'他北京人+是>他是北京人。'……由高一级的谓语转成前谓语,这种说法也可以应用于一部分(不是所有的)'助动词'。例如,'他忘了这件事+会>他会忘了这件事。''他不知道+不能>他不能不知道。'"从深层结构来说,含主观性助动词的句子"NP 助动词 VP"都可以分析为"NPVP+助动词"。

综上所述,主观性助动词——包括认识、道义、估价三类——才是典型的助动词;条件类助动词算不上典型的助动词,但是由于它同主观性助动词存在交叉,而且由于它在各时期的助动词系统中都占据相当大的比重(参见附录一),因此,把条件类划出助动词,在实际分析过程中也是很难行得通的。

## 13.7 从典型助动词的基本特征谈助动词的范围、助动词结构的性质、助动词的词性

从语义上说,典型助动词的基本特征是带主观性,即带有说话者的主观意见。从句法上说,典型助动词的基本特征是:助动词句"NP 助动词 VP"的深层结构为"NPVP+助动词"。

本文把表能力、意志的动词排除在助动词之外,结果人为造成了一些割裂现象:比如"克、能、堪、任"到底是表能力还是表条件可能,有时难以区分,本文却把表能力视为一般动词,而把表条件可能视为助动词。但是,如果采用一般的看法,把表能力、意志的动词归入助动词,同样会带来一些问题,比如"会俄文"与"会说俄文"、"解《法华经》"与"解讲《法华经》"、"要一枝笔"与"要买一枝笔"在一定语境下完全同义,单凭后面的宾语是 NP 还是 VP 就在词性上将"会、解、要"一分为二,是不合理的。我们认为:助动词的范围不必界定得过死,可以根据研究范围灵活处理;假如只研究助动词"能",那么把表能力的"能"归入助动词是可行的,因为"能"不带体词宾语,不会有上面提到的"会、解、要"一类的矛盾;假如只研究助动词"会",那么最好把表能力的"会"视为一般动词,因为表能力的"会"带 NP、VP 意义差别不大,而表能力的"会"与表可能的"会"意义差别很大。总而言之,典型的助动词实际只包括主观性助动词,由于语言现象有连续性,在实际处理过程中,有时需要把一些不带主观性的用法归入助动词,以避免造成难以区分的现象;至于在多大程度上把"不带主观性的用法"归入助动词,可以视具体情况灵活

处理。

　　关于助动词结构的性质,两种观点影响最大:一、述宾结构;二、偏正结构。胡裕树、范晓(1995:258)提出了新观点。他们认为:助动词句的"句子结构应分析为'次句[主语 ＋谓语(动词)]＋助动词'('次句'指助动词句中除了助动词及其限定成分以外的整个部分)";助动词"是对'次句'所表达的整个事件作有关的断定,它有自己的施事,即'说话者',但这个说话者是不能作为句子的一个构成成分出现在句子中的"。这种分析实际是把助动词句的"深层结构"当作表层结构,其弊端在于:"次句"这一直接成分被助动词隔断,成为不连续的两部分,这与通常的句法分析不吻合;另外,如果助动词句这样处理,那么,包含"或许、也许、必定、必须"等带情态意义的副词的句子也要如此处理。

　　典型助动词的表层结构到底是述宾结构还是偏正结构,这个问题与助动词的词性有关。吕叔湘先生在《汉语语法分析问题》中说:"助动词是个有问题的类。助动词里边一部分是表示可能与必要的,有一部分是表示愿望之类的意思的,所以又叫作'能愿动词'。前一种接近副词,后一种接近一般要求带动词做宾语的动词,这两方面的界限都很不容易划清。"(吕叔湘 1990:511)典型的助动词,实际是"接近副词"的那一类。既然典型助动词"接近副词",那么,典型的助动词结构实际已经偏离一般的述宾结构,而接近于偏正结构。

# 附录一：汉语史各时期的助动词分类表

| 时期 \ 分类 | 条件类 可能 | 条件类 必要 | 道义类 许可 | 道义类 应当 | 道义类 必要 | 必要① | 认识类 可能 | 认识类 盖然 | 认识类 必然 | 估价类 |
|---|---|---|---|---|---|---|---|---|---|---|
| 甲骨文(2个) | 克、肩 | | | | | | | | | |
| 西周金文(4个) | 克、能 | | 可 | 宜 | | | | | | |
| 春秋战国(9个) | 克、能、得$_1$、获、足$_1$、可$_1$ | | 可$_2$、得$_2$ | 宜$_1$、当$_1$ | 欲 | | | | 宜$_2$、当$_2$ | 足$_2$、可$_3$ |
| 两汉(12个) | 能、得$_1$、足、足以$_1$、可$_1$、可以$_1$、肯 | 须 | 可$_2$、可以$_2$、得$_2$ | 宜$_1$、当$_1$、应 | 欲 | | | | 宜$_2$、当$_2$ | 足$_2$、足以$_2$、可$_3$ |
| 六朝(25个) | 能、得$_1$、足、足以$_1$、肯、中、好、堪、任、办、容$_1$、可$_1$、叵、可以$_1$ | 须$_1$、要$_1$、烦、劳 | 可$_2$、可以$_2$、得$_2$、容$_2$、用② | 宜$_1$、当$_1$、应$_1$、合$_1$ | 须$_2$、要$_2$、欲、欲得 | | 容$_3$ | 宜$_2$、当$_2$、应$_2$、合$_2$ | | 足$_2$、足以$_2$、可$_3$、叵$_2$、堪$_2$ |
| 唐五代(31个) | 能、解、得$_1$、足$_1$、足以、肯、敢、中、好、堪、容$_1$、可$_1$、叵、可以$_1$ | 须$_1$、要$_1$、用$_1$、假$_1$、烦、劳、消 | 可$_2$、可以$_2$、得$_2$、容 | 合$_1$、应$_1$、当$_1$、宜 | 须$_2$、要$_2$、用$_2$、假$_2$ | 须得 | 容$_3$、肯$_2$ | 合$_2$、应$_2$、当$_2$ | 须$_3$ | 足$_2$、可$_3$、好$_2$、堪$_2$ |
| | 由助动词复合而成的双音节助动词(5个)：足可、应当、应须、当须、须要 | | | | | | | | | |

## 200　汉语助动词的历史演变研究

(续表)

| | | | | | | | | | | |
|---|---|---|---|---|---|---|---|---|---|---|
| 宋代<br>(35个) | 能、解₁、得₁、足₁、足以、好₁、堪₁、容₁、可₁、可以 | 须₁、要₁、用₁、消、消得 | 可₂、可以₂、得₂、容₂ | 合₁、当₁、宜、好₂ | 须₂、要₂、用₂ | 须得、要得、得(děi)、著、索 | 解₂、会、容₃ | 合₂、应、当₂ | 须₃ | 足₂、可₃、好₃、堪₂ |
| | 由助动词复合而成的双音节助动词(10个)：足可、应当、合当、应须、须当、合须、须要、须著、须用、须索 | | | | | | | | | |
| 元明<br>(36个) | 能、能够、得₁、足₁、足以、好₁、堪₁、可₁、可以 | 要₁、用₁、消、消得 | 可₂、可以₂、得₂、许 | 合₁、该₁、当₁、宜、好₂ | 要₂、用₂ | 须₁、索₁、须得、得(děi) | 会 | 合₂、该₂、应、当₂ | 须₂、索₂ | 足₂、可₃、好₃、堪₂ |
| | 由助动词复合而成的双音节助动词(12个)：足可、堪可、应当、合当、合应、合该、应该、须当、索合、须索、须要、索要 | | | | | | | | | |
| 清代<br>(23个) | 能、能够、得₁、可₁、可以₁、好 | 要₁、用₁、消 | 可₂、可以₂、得₂、许、准 | 该₁、应该₁、应当、该当、合该 | 要₂、用₂ | 须、须得、须要、得₁(děi) | 会 | 该₂、应该₂ | 得₂(děi) | 配、值得 |
| 现代<br>汉语<br>(17个) | 能、能够、可以₁、好 | 要₁、用 | 能₂、可以₂、许、准 | 该₁、应该₁、应当 | 要₂ | 得₁(děi) | 会、可能 | 该₂、应该₂ | 一定、得₂(děi) | 配、值得 |

① 这个"必要"指条件必要与道义必要无明显对立。

② 这个"用"用于否定，表不许可。

# 附录二：表将来的"要、欲"

表将来的"要"不好处理。首先，这个"要"是不是助动词，各家的看法并不一致。朱德熙先生在《语法讲义》中谈助动词"要"时，只提到两个意思：1.愿望；2.事实上需要如此或情理上应该如此，朱先生并未提到表将来这个意思（见朱德熙1982：64）。但《现代汉语八百词》把"将要"的"要"视为助动词。其次，这个"要"是纯粹表将来还是带有可能性，也难以判断。《现代汉语八百词》给助动词"要"分出了"将要"一义，如"他要回来了"；还分出了"表示可能"一义，如"看样子要下雨"，但这两个意思往往区分不清。表将来的"要"的前身是"欲"，王力先生在《汉语语法史》中说："在上古时代，意志式一般用'欲'字。……到了中古时代，'欲'字作为助动词，又可以表示将来时，有'快要'的意思。……唐宋以后，这种'欲'字的意义也可以说成'要'。"（王力1990：349—352）

由于表将来的"要、欲"难以归类，本文以附录的形式讨论它们的历史发展。

## 1. 表意愿的"要"

表将来的"要"是从表意愿的动词"要"转化而来的。下面谈表意愿的"要"的产生过程。

先秦时期，"要"有"要约、要挟"义①，例如：

---

① 这个意思可能源于"期会、中途拦遮"，例如：
　　期我乎桑中，要我乎上宫，送我乎淇之上矣。（诗·鄘风·桑中）
　　吴人自皋舟之隘要而击之。（左传·襄14年，1018）
而"中途拦遮"这个意思源于"要"的本义"腰"。

(1)明恕而行,要之以礼,虽无有质,谁能间之?(左传·隐 3 年,27)

(2)癸亥,王子虎盟诸侯于王庭,要言曰:"皆奖王室,无相害也!"(左传·僖 28 年,466)

(3)子曰:"臧武仲以防求为后于鲁,虽曰不要君,吾不信也。"(论语·宪问)

(4)我实不德,而要人以盟,岂礼也哉?(左传·襄 9 年,969)

还有"求取"义,例如:

(5)皆得其欲,以从其事,而要其成。(左传·襄 30 年,1180)

(6)今之人修其天爵,以要人爵。(孟子·告子上)

下面是汉代的例子,"要"义为"要求、要约"。例如:

(7)赵衰既反晋,晋之妻固要迎翟妻,而以其子盾为適嗣,晋妻三子皆下事之。(史记·赵世家,1782)

(8)九年,执郑之祭仲,要以立突为郑君。(史记·宋微子世家,1624)

(9)秦因留楚王,要以割巫、黔中之郡。(史记·楚世家,1728)

例(7)"要迎翟妻"义为"要求(赵衰)迎接翟妻";由于"赵衰"承前省略,"要"直接位于动词"迎"前,这例"要"隐约可见"欲"的意思。

下面几例出自《三国志》正文或裴注,"要"义为"要求、约请":

(10)甘露中入朝,当还,辞高贵乡公,留中尽日。文王遣人要令过。(《魏志·三少帝纪》注引《世语》,147)

(11)会太祖遣使诣州,有所案问。晔往见,为论事势,要将与归,驻止数日。(魏志·刘晔传,443)

(12)颍川荀恺,宣帝外孙,世祖姑子,自负贵戚,要与茂交。(《魏志·胡质传》注引《晋书》,742)

(13)司马文王初为晋王,司空荀𫖮要祥尽敬,祥不从。(《魏

志·吕虔传》注引《晋书》,541)

(14)欲要昂以为己用,然心未甚信。(《魏志·杨阜传》注,703)

(15)公瑾昔要子敬来东,致达于孤,孤与宴语,便及大略帝王之业,此一快也。(吴志·吕蒙传,1280)

(16)二年春,恪向新城,要绩并力,而留置半州,使融兼其任。(吴志·朱然传,1308)

(17)綝要异相见,将往,恐陆抗止之,异曰:"子通,家人耳,当何所疑乎!"(《吴志·朱桓传》注引《吴书》,1316)

前三例"要"后接VP,后五例"要"后接兼语式。这几例中的"要","欲"的意思已较明显了。

表意愿的"要"在唐代始多见,仅举四例如下:

(18)我故远来求法,不要其衣。(坛经,75)

(19)若要相知者,但入天台山。(拾得诗10首)

(20)皇帝怪云:"朕只许一座具地,此僧敷一座具遍满五台,大奇!朕不要共住此处。"(入唐求法卷三,302)

(21)皇帝宣曰:"不要你把棒勾当。须自担土。"(同上卷四,454)

例(18)带NP,例(19)(20)带VP,例(21)带小句宾语。

综上所述,表意愿的"要"产生于唐代,是从"要约、约请、要求"等义引申来的。①

## 2. 表将来的"要"

表意愿的"要",在上下文中,可细分为两类:一是表示主语的意志,

---

① 表必要的助动词"要"是从副词义"终归、总之"等转化而来,在南北朝已有一些例子。由此可见,表意愿与表必要的"要"是经由不同的途径在不同时代产生的。

但并不是将要实施某一动作,例如:

(1)师看经次,僧问:"和尚寻常不许人看经,为什摩却自看经?"师曰:"我要遮眼。"(祖堂集卷四,药山和尚)

二是表示主语将要实施某一动作,例如:

(2)净能曰:"我要归大罗宫去。来日忽忽,不及辞皇帝。……"(变文·叶净能诗,340)

表将来的"要"与第二类联系紧密。这时,"要"到底是表意愿还是表将来,往往难以区分,又如:

(3)陶铁僧吃了,便去打听消息,回来报说道:"……只有万员外的女儿万秀娘,与他万小员外,一个当直唤做周吉,一担细软头面金银钱物笼子,共三个人两匹马,到黄昏前后,到这五里头,要赶门入去。"(万秀娘仇报山亭儿,《近代汉语语法资料汇编》(宋代卷),465)

当主语不指人或者"要"后的动词是非自主动词时,"要"不再表意愿而是表将来。"将要"的"要"在我们调查的文献中较早见于《朱子语类》。例如:

(4)为学极要求把篙处着力。到工夫要断绝处,又更增工夫,着力不放令倒,方是向进处。(朱子语类·学二,137)[转引自太田辰夫 1958(1987:191)]

(5)若打得这关过,已是煞好了。到正心,又怕于好上要偏去。如水相似,那时节已是淘去了浊,十分清了,又怕于清里面有波浪动荡处。(朱子语类·大学三,342)

(6)如堕三都,是乘他要堕而堕之,三都堕而三家之所恃者失矣,故其势自弱。(朱子语类·论语二十二,1025)

(7)如老人耳重目昏,便是魄渐要散。(朱子语类·礼四,2260)

(8)李伯诚曰:"打坐时意味也好。"曰:"坐时固是好,但放下脚,放开眼,便不恁地了。须是临事接物时,长如坐时方可。如挽一物样,待他要去时,硬挽将转来,方得。"(朱子语类·朱子,2905)

下例表将来的"要"见于《近代汉语语法资料汇编》(宋代卷):

(9)吾乃上江老龙王,年老力衰;今被下江小龙欺我年老,与吾斗敌,累输与他,老拙无安身之地。又约我明日大战,战时又要输与他。(宋四公大闹禁魂张,477)

元明时期的例子如:

(10)但是小官举荐之人,日后有事,必然要坐罪小官身上。(元曲选·赚蒯通,70)

(11)衙内,嘴两个往那黑地里走,休往月亮处,着人瞧见,要说短说长的。(元曲选·燕青博鱼,240)

(12)把孩儿扑碌碌推出门,眼睁睁的要杀坏,空教我心劳意攘怎支划?(元曲选·薛仁贵,324)

(13)我去便去,则怕撞着那姐夫。他见了我呵,必然要受他一场呕气。(元曲选·老生儿,374)

(14)天色晚了也,我去这巡铺里歇息去。怎么一时间就肚疼起来?敢是要养娃娃也。(元曲选·儿女团圆,460)

(15)(正末云:)侯兴,他打下牙来,你怎生说打死人?(侯兴云:)打下牙来,害了破伤风,不要死那?(元曲选·罗李郎,1569)

清代的例子如:

(16)虽说太阳落下去,那地上的余热未散,走两趟又要受了暑。(红楼梦34回,277)

(17)这个东西可不是顽儿的,一个不留神,把手指头拉个挺大的大口子生疼,要流血的。(儿女英雄传8回,85)

助动词"会"可以表示将来的可能性,它与表将来的"要"的区别,王力先生在《中国语法理论》中已经说得很清楚。王先生说:"'要'字之表示将来性,和'会'字之表示将来性稍有分别。第一,'会'字比'要'字虚灵些,渺茫些;第二,'会'字不拘时间的远近,'要'字则除用于条件式之外①,必系指最近的将来,故可说成'快要''就要'等。"(王力 1944—1945[1984:105])助动词"会"除可表示将来的可能性外,还可表示过去或现在的可能性,如"没想到会这么顺利""现在他不会在家里";还可以表示虚拟,如"如果不是真累了,他是会痛痛快快地答应的"。现代汉语普通话的"要"没有这几种用法。②

## 3. 表将来的"欲"

较早见于《史记》,例如:

(1)引玺而佩之,左右百官莫从;上殿,殿欲坏者三。(史记·李斯列传,2562)

下面是东汉至唐代的几例:

(2)譬若如老,今以羸极,若欲躄地,惟怛萨阿竭加哀而哀。(伅真陀罗所问如来三昧经,15/367a)

(3)后末世法一切欲尽时,其有闻其处所有是经,当知我之所护。(阿阇世王经,15/405c)

(4)却后乱世,佛经且欲断时,诸比丘不复承用佛教。(般舟三昧经,13/911a)

---

① "要"用于条件式,指"一经了火,是要炸的"一类句子中的"要"。
② 但是清代有"要"表示过去或现在的可能性的例子:
    我想姑奶奶的病不要撞着什么了罢?(红楼梦113回,911)
    岂过了几天,那庙里又丢了东西。众神将叫了土地来说道:"你说砌了墙就不丢东西,怎么如今有了墙还要丢?"(同上117回,941)
    咱们栊翠庵的什么妙玉不是叫人抢去,不要就是他罢?(同上117回,942)
    不要是你那一天吃多了罢?(儿女英雄传20回,236)
    你不要真是在这里作梦呢罢?(同上23回,278)

(5) 殷浩始作扬州,刘尹行,日小欲晚,便使左右取襆。人问其故,答曰:"刺史严,不敢夜行。"(世说新语·政事22条)

(6) 临死命欲终,吝财不忏悔。(王梵志诗卷二33首)

王力(1990:350—352)举有很多唐诗中这类"欲"的例子。

宋代虽然开始出现了表将来的"要",但"将要"这个意义仍多用"欲"表示。例如:

(7) 行次欲近官道,道中更无人行。(取经诗话第九,243)

(8) 当时间知远恶。忿气填胸,怎纳无明火。璧玉似牙嚼欲将破。两眼如镮大,叫如雷作。(刘知远,363)

(9) 今应举天欲暮,大雪纷纷登山路,两头望更无宿处。(张协状元9出,522)

(10) (外出唱)百尺采楼高,十里人挨闹。(后出接)状元今日欲游街。(合)一段风光好。(同上27出,572)

在元明时期,表将来的"欲"已少见,例如:

(11) 兀的般云低天欲黑,至轻的道店十数里。(元刊杂剧·闺怨佳人拜月亭,31)

在《金瓶梅》前四十回中未见有表将来的"欲"。我们推测:至迟在明代,这种"欲"已完全被"要"代替。这一点可以从表意愿的"欲、要"得到间接证明。在宋代,还能见到在同样的语境既用"欲"又用"要"表意愿的例子:

(12) 绘曰:"前此,王伦归,言房人要遣使商量,故遣潘致尧等行,洎还,云:'房人欲大臣往彼。'故以韩、胡二枢密往。……"(三朝,167)

(13) 时举曰:"《孟子》前面多是分明说与时君。……亦欲人君少知恐惧之意耳。"曰:"也不是要人君知恐惧,但其效自必至此。……"(朱子,2631)

但在《金瓶梅》前四十回中,表意愿的动词"欲"只出现 21 次,而表意愿的动词"要"(包括带 NP、VP 或兼语)出现了五百余次。"欲"表意愿比表将来更常用,既然表意愿在明代都已基本不用,表将来的"欲"当时很可能也已消亡。

表将来的"欲、要",都是由表意愿转化而来的。"待"也有类似发展。在宋代可以看到表意愿的"待",例如:

(14) 欲待去,却徊徨。(刘知远,352)

在《金瓶梅》中有义为"将要"的"待"①:

(15) 快请你爹去,你说孩子待断气也。(59 回,818)[转引自白维国 1991:106]

但六朝至唐宋常用的表意愿的"规(或写作'贵')②、拟"并未发展出表将来这个意义。

---

① 据香坂顺一(1997:222),山东安丘方言有表将来的"待",如:天待热起来了。
② "规(贵)"有意愿义,见王锳(1986:94—95)、江蓝生(1988:73)。

# 参考文献

艾乐桐(1985)《汉语中"欠"和"义务"的表示方法》,《国外语言学》第1期,13—15,21页。
白维国(1991)《金瓶梅词典》,中华书局。
白晓红(1997)《先秦汉语助动词系统的形成》,《语言研究论丛》第七辑,211—229页,语文出版社。
蔡镜浩(1990)《魏晋南北朝词语例释》,江苏古籍出版社。
陈望道(1938)《"一提议"和"炒冷饭"读后感》,《中国文法革新论丛》(陈望道等著),10—24页,商务印书馆,1987。
陈望道(1978)《文法简论》,上海教育出版社。
程湘清等编(1994)《论衡索引》,中华书局。
丁声树等(1961)《现代汉语语法讲话》,商务印书馆。
董志翘、蔡镜浩(1994)《中古虚词语法例释》,吉林教育出版社。
方一新(1997)《东汉魏晋南北朝史书词语笺释》,黄山书社。
冯爱珍(1998)《福州方言词典》,江苏教育出版社。
顾学颉、王学奇(1990)《元曲释词》(四),中国社会科学出版社。
郭沫若(1931)《两周金文辞大系图录考释》(下),上海书店出版社,1999。
郭　锐(1999)《现代汉语词类研究》,北京大学博士论文。
何九盈(1995)《中国现代语言学史》,广东教育出版社。
胡裕树、范晓主编(1995)《动词研究》,河南大学出版社。
胡裕树、范晓主编(1996)《动词研究综述》,山西高校联合出版社。
黄　征、张涌泉(1997)《敦煌变文校注》,中华书局。
江蓝生(1988)《魏晋南北朝小说词语汇释》,语文出版社。
蒋礼鸿(1997)《敦煌变文字义通释》(增补定本),上海古籍出版社。
蒋绍愚(1980)《唐诗词语札记》,《北京大学学报》第3期,69—86页。
李孝定编述(1970)《甲骨文字集释》,史语所专刊之五十。
李宗焜(1995)《论殷墟甲骨文的否定词"妹"》,《史语所集刊》六十六本四分,1129—1147页。

刘　利(2000)《先秦汉语助动词研究》,北京师范大学出版社。
柳士镇(1992)《魏晋南北朝历史语法》,南京大学出版社。
吕叔湘(1942—1944)《中国文法要略》,《吕叔湘文集》第一卷,商务印书馆,1990。
吕叔湘(1990)《汉语语法分析问题》,《吕叔湘文集》第二卷,481—571页,商务印书馆。
吕叔湘主编(1999)《现代汉语八百词》(增订本),商务印书馆。
马承源主编(1988)《商、西周青铜器铭文释文及注释》,文物出版社。
马建忠(1898)《马氏文通》,商务印书馆,1983。
马庆株(1988)《自主动词和非自主动词》,《汉语动词和动词性结构》(马庆株著),13—46页,北京语言学院出版社,1992。
梅祖麟(1999)《先秦两汉的一种完成貌句式》,《中国语文》第4期,285—294页。
缪启愉(1998)《齐民要术校释》(第二版),中国农业出版社。
钱南扬(1979)《永乐大典戏文三种校注》,中华书局。
裘锡圭(1992)《卜辞"异"字和诗、书里的"式"字》,《古文字论集》(裘锡圭著),122—140页,中华书局。
裘锡圭(1994a)《说"弜"》,《裘锡圭自选集》,65—72页,河南教育出版社。
裘锡圭(1994b)《谈谈古文字资料对古汉语研究的重要性》,《裘锡圭自选集》,194—208页,河南教育出版社。
裘锡圭(2000)《说"刁凡有疾"》,《故宫博物院院刊》第1期,1—7页。
沈家煊(1997)《词义与认知——〈从词源学到语用学〉评介》,《外语教学与研究》第3期,74—76页。
太田辰夫(1958)《中国语历史文法》(蒋绍愚、徐昌华译),北京大学出版社,1987。
太田辰夫(1970—1972)《〈小额〉的语法和词汇》,《汉语史通考》(太田辰夫著,江蓝生、白维国译),272—303页,重庆出版社,1991。
太田辰夫(1988)《中古语法概说》,《汉语史通考》(太田辰夫著,江蓝生、白维国译),10—62页,重庆出版社,1991。
汪维辉(2000)《东汉—隋常用词演变研究》,南京大学出版社。
王　力(1943—1944)《中国现代语法》,《王力文集》第二卷,山东教育出版社,1985。
王　力(1944—1945)《中国语法理论》,《王力文集》第一卷,山东教育出版社,1984。
王　力(1980)《汉语史稿》,中华书局。
王　力(1990)《汉语语法史》,《王力文集》第十一卷,山东教育出版社。

王　伟(2000)《情态动词"能"在交际过程中的义项呈现》,《中国语文》第 3 期,238—246 页。
王　锳(1986)《诗词曲语辞例释》(增订本),中华书局。
王　锳(1992)《〈夷坚志〉语词选释》,《近代汉语研究》(胡竹安、杨耐思、蒋绍愚编),123—135 页,商务印书馆。
王云路、方一新(1992)《中古汉语语词例释》,吉林教育出版社。
香坂顺一(1997)《白话语汇研究》(江蓝生、白维国译),中华书局。
项　楚(1991)《王梵志诗校注》,上海古籍出版社。
许理和(1977)《最早的佛经译文中的东汉口语成分》(蒋绍愚译),《语言学论丛》第十四辑,197—225 页,商务印书馆,1987。
杨伯峻(1960)《孟子译注》,中华书局。
杨伯峻(1980)《论语译注》,中华书局。
姚孝遂主编(1989)《殷墟甲骨刻辞类纂》,中华书局。
姚振武(1992)《〈朱子语类〉语词札记》,《古汉语研究》第 2 期,28—32,34 页。
于省吾(1979)《甲骨文字释林》,中华书局。
于省吾主编(1996)《甲骨文字诂林》,中华书局。
袁　宾(1990)《禅宗著作词语汇释》,江苏古籍出版社。
张双棣、殷国光、陈　涛(1993)《吕氏春秋词典》,山东教育出版社。
张万起(1993)《世说新语词典》,商务印书馆。
张　相(1955)《诗词曲语汇释》,中华书局。
张玉金(1994)《甲骨文虚词词典》,中华书局。
张志公(1997)《张志公汉语语法教学论著选》(庄文中编),山西教育出版社。
章士钊(1907)《中等国文典》,上海商务印书馆,民国十九年(1930 年)。
周长楫(1993)《厦门方言词典》,江苏教育出版社。
周法高主编(1974)《金文诂林》,香港中文大学出版。
朱德熙(1982)《语法讲义》,商务印书馆。
朱庆之(1992)《佛典与中古汉语词汇研究》,台北:文津出版社。
Palmer, F. R.(1990) *Modality and the English Modals* (second edition). London and New York: Longman.

# 引用书目

《今古文尚书全译》江灏、钱宗武译注,贵州人民出版社,1990。
《诗经注析》程俊英、蒋见元著,中华书局,1991。
《论语译注》杨伯峻译注,中华书局,1980。
《春秋左传注》杨伯峻注,中华书局,1990。
《庄子集释》郭庆藩集释,《诸子集成》,中华书局,1954。
《孟子译注》杨伯峻译注,中华书局,1960。
《荀子集解》王先谦集解,中华书局,1988。
《韩非子集解》王先慎集解,中华书局,1998。
《吕氏春秋译注》张双棣、张万彬、殷国光、陈涛注译,吉林文史出版社,1993。
《史记》中华书局,1982。
《汉书》中华书局,1962。
《论衡校释》(东汉)王充撰,黄晖校释,中华书局,1990。
东汉 29 部佛典据《大正藏》:
安世高所译 16 部佛典:长阿含十报法经(13 号),人本欲生经(14 号),一切流摄守因经(31 号),四谛经(32 号),本相猗致经(36 号),是法非法经(48 号),漏分布经(57 号),普法义经(98 号),八正道经(112 号),七处三观经(150 号),大安般守意经(602 号),阴持入经(603 号),禅行法想经(605 号),道地经(607 号),法受尘经(792 号),阿含口解十二因缘经(1508 号)。支娄迦谶所译 8 部佛典:道行般若经(224 号),兜沙经(280 号),阿閦佛国经(313 号),遗日摩尼宝经(350 号),般舟三昧经(418 号),文殊师利问菩萨署经(458 号),阿阇世王经(626 号),内藏百宝经(807 号)。竺大力共康孟详译:修行本起经(184 号)。昙果共康孟详译:中本起经(196 号)。安玄共严佛调译:法镜经(322 号)。失译:伅真陀罗所问如来三昧经(624 号)。支曜译:成具光明定意经(630 号)。
《生经》(西晋)竺法护译,《大正藏》154 号,第 3 卷。
《三国志》(晋)陈寿撰,中华书局,1959。
《搜神记》(晋)干宝撰,汪绍楹校注,中华书局,1979。
《世说新语笺疏》(修订本)(刘宋)刘义庆撰,余嘉锡笺疏,1993。
《过去现在因果经》(刘宋)求那跋陀罗译,《大正藏》189 号,第 3 卷。

《贤愚经》(北魏)慧觉等译,《大正藏》202号,第4卷。
《杂宝藏经》(北魏)吉迦夜共昙曜译,《大正藏》203号,第4卷。
《宋书》(梁)沈约撰,中华书局,1974。
《魏书》(北齐)魏收撰,中华书局,1974。
《南齐书》(梁)萧子显撰,中华书局,1972。
《齐民要术校释》(第二版)(北魏)贾思勰著,缪启愉校释,中国农业出版社,1998。
《颜氏家训集解》(增补本)(北齐)颜之推撰,王利器集解,中华书局,1993。
《王梵志诗校注》项楚校注,上海古籍出版社,1991。
《朝野佥载》(唐)张鷟撰,中华书局,1979。
《寒山诗注》(附拾得诗注)项楚校注,中华书局,2000。
《入唐求法巡礼行记校注》(唐)圆仁著,白化文等校注,花山文艺出版社,1992。
《敦煌变文校注》黄征、张涌泉校注,中华书局,1997。
《祖堂集》(南唐)释静、释筠编撰,上海古籍出版社影印本,1994。
《近代汉语语法资料汇编》(唐五代卷)刘坚、蒋绍愚主编,商务印书馆,1990。
《碧岩录》(宋)圜悟克勤评唱,《大正藏》2003号,48卷。
《朱子语类》(宋)黎靖德编,王星贤点校,中华书局,1994。
《近代汉语语法资料汇编》(宋代卷)刘坚、蒋绍愚主编,商务印书馆,1992。
《新校元刊杂剧三十种》徐沁君校点,中华书局,1980。
《元曲选》(明)臧晋叔编,中华书局,1958。
《近代汉语语法资料汇编》(元代明代卷)刘坚、蒋绍愚主编,商务印书馆,1995。
《金瓶梅词话》(明)兰陵笑笑生著,陶慕宁校注,人民文学出版社,2000。
《红楼梦》(清)曹雪芹著,人民文学出版社,1990。
《儿女英雄传》(清)文康著,上海古籍出版社,1991。

# 词 语 索 引[①]

办 6.7;13.2

甫 1.4;8.13.1;12.6;12.10

必 10.5

必须 10.5;13.5.5

弜 2.3

别 12.10

待 13.4;附录二第 3 节

当 1.1;4.4;5.7;5.9;6.10;8.10.1;8.10.2;8.10.4;10.2;11.8;13.2;13.4;13.5.6

当可 5.12;7.2

当须 5.12;7.2;8.16;10.9

当宜 7.2;8.10.1

当应 5.12;7.2;13.5.6

得 1.1;1.4;3.3;5.2;6.1;8.1;9.1;10.6;11.2;12.1;13.2;13.4;13.5.1;13.5.2;13.5.7;13.6

得(děi) 1.1;10.6;11.10;12.7;13.2;13.5.5;13.6

烦 6.13;8.13.2;8.14;10.10;13.2;13.6

该 11.8;12.5;12.10;13.2;13.4;13.5.6;13.5.7

该当 12.5;13.5.6

该应 12.5

敢 8.4;10.10;13.2;13.3

够 11.2

惯 13.4

规(贵)附录二第 3 节

好 6.4;8.6;9.4;11.4;12.3;13.2;13.5.2;13.5.3

合 1.4;6.10.2;8.10;10.2;11.8;13.2;13.4;13.5.6

合当 10.9;11.11;13.5.6

合该 11.11;12.5;13.5.6

合可 7.2

合应 8.16;11.11;13.5.6

会 1.3;1.4;9.3;11.3;12.2;13.2;13.3;13.4;13.5.1;13.5.7;13.6;13.7;附录二第 2 节

会必 9.3.3

会当 9.3.3

会须 9.3.3

会应 9.3.3

获 4.5;13.4

假 8.13.1;8.14;10.10;13.2;13.3;13.5.4;13.6

肩 2.1.2;13.2;13.3

解 8.2;9.2;9.3.1;9.3.2;11.12;13.2;13.3;13.4;13.5.1;13.6;13.7

堪 1.4;6.5;6.6;8.7;9.5;11.5;13.2;13.3;13.4;13.5.1;13.5.3;13.6;13.7

堪可 8.16;11.11

堪能 7.2

---

[①] 说明:词条后标明该词条所出现的小节的序号。各小节之间以分号隔开。

## 词语索引   215

堪任 7.2
可 1.1;1.4;2.2.3;4.1;4.2.3;5.5;6.9.1;
　6.9.3;8.9;10.1;11.6;12.1;13.2;13.5.
　3
可当 5.12
可能 1.3;12.2;12.10;13.2;13.5.1;
　13.5.7
可须 8.16
可以 4.2;5.5;6.9.3;8.9;10.1;11.6;
　12.1;13.2;13.3;13.5.2;13.5.7
可应 5.12;7.2
可足 7.2
克 2.1;2.2.1;3.1;13.2;13.3;13.4;
　13.5.1;13.6
肯 5.4;6.2;8.3;10.10;13.2;13.3;
　13.5.1;13.6
快 13.4
劳 6.13;8.13.2;8.14;10.10;13.2;13.6
能 1.3;1.4;2.2.2;3.2;5.1;6.1;8.1;9.1;
　9.3.1;11.1;12.1;13.2;13.3;13.4;13.
　5.1;13.5.2;13.5.7;13.6;13.7
能够 1.4;11.1;12.1;13.2;13.5.1;
　13.5.7;13.6
能可 5.12
拟 附录二第3节
配 1.4;12.8;13.2;13.3;13.5.7
叵 6.9.2;8.9;10.10;13.2
其 2.3
任 6.6;13.2;13.3;13.4;13.5.1;13.6;13.
　7
容 6.8;8.8;9.6;13.2
容可 7.2
容能 7.2
善 13.4
擅长 13.6

事须 6.12;8.12;13.5.4
是须 8.12;13.5.4
索 10.8;11.10;13.2;13.4;13.5.5;13.6
索合 11.11
索要 11.11
毋 2.3
勿 2.3
消 1.4;8.15;10.4;11.9;12.6;13.2;13.6
消得 10.4;11.9;13.2;13.6
须 1.1;1.4;5.11;6.12;8.12;8.14;10.5;
　11.10;12.6;13.2;13.4;13.5.4;
　13.5.5;13.5.7;13.6
须当 7.2;10.9;11.11
须得 8.12;10.5;11.10;12.6;13.2;13.6
须合 10.9
须索 10.8;10.9;11.10;11.11
须要 1.4;7.1.2;8.15;8.16;10.9;11.11;
　12.6;12.10;13.2;13.6
须用 10.9
须著 10.9
需要 1.4;8.15;12.10;13.6
许 1.4;11.7;12.4;13.2;13.5.1;13.6
要(表必要) 1.3;1.4;7.1;8.11;8.14;9.3.
　3;10.3;11.9;12.6;13.2;13.5.4;13.6;
　13.7
要(表意愿、将来) 附录二
要当 7.1;8.16
要得 10.3;13.2
要须 7.1.2;8.16
要宜 7.1.2
一定 1.3;12.10;13.2
宜 1.1;2.2.4;4.3;5.6;5.9;6.10;8.10.1;
　8.10.4;10.2;11.8;13.2;13.4;13.5.6
宜当 5.12;7.2;8.10.1;13.5.6
宜合 8.10.1

宜可 5.12;7.2;8.10.1
宜须 7.2;8.10.1
宜应 7.2;8.10.1;13.5.6
应 5.8;5.9;6.10.1;8.10;10.2;11.8;
　12.10;13.2;13.4;13.5.6
应当 5.12;7.2;8.16;10.9;11.11;12.5;
　12.10;13.5.6
应该 11.11;12.5;12.10;13.5.6
应合 7.2;8.16
应可 5.12;7.2
应须 7.2;8.16;10.9
用（表必要）1.4;8.13.1;8.14;10.7;11.9;
　12.6;12.10;13.2;13.3;13.5.4;13.6
用（用于否定表不许可）6.14;8.13.1;13.2

欲（表必要）4.5;5.10;6.11
欲（表意愿、将来）附录二
欲得 6.11;13.2
值得 1.4;12.8;13.2;13.3
中 1.4;6.3;8.5;10.10;13.2
准 1.4;12.4;13.2
著 10.8;13.2;13.3;13.4;13.6
足 1.4;3.4;3.5.3;5.3;6.1;8.1;9.1;11.2;
　13.2;13.5.3
足可 7.2;8.16;10.9;11.11
足能 7.2
足任 7.2
足以 3.5;5.3;6.1;8.1;9.1;11.2;13.2

# 后　　记

　　这本小书是笔者 2001 年的博士学位论文。写的时候束手束脚。采用助动词而不是情态动词的称呼,首末两章有意加多引用,等等,都是权宜之计;以情态的意义而不是以时代分章,也许是更好的写法,不过,既然情态的五花八门的分类当时还很难为人理解,这种写法也就更加冒险。毕业工作之后,笔者拿毕业论文的资料,就表必要这类意义,专门写了一篇小文,当时很想继续沿着这个个案研究的思路,重写一遍,尤其是 2005 年初侥幸申请到商务出版基金之后。但是,一方面,对于笔者而言,新知的吸引远远强于对于旧识的整理;另一方面,笔者后来越来越觉得:这只是一个微不足道的领域中的一个小题目,如若印刷出来,增之一本固不为多,减之一本也不为少。修改的事情于是耽误了下来。时至今日,为了一些世俗的追逐,仍不得不几乎原封不动地将之出版,笔者心中十分不安。惶恐之余,笔者谨此向关心和帮助过我的师友、向导师蒋绍愚先生,表示衷心的感谢。

作者

2015 年 2 月

# 专家评审意见

沈家煊

《汉语助动词的历史演变研究》据我所知是第一部对汉语史上助动词的历史演变加以系统研究的著作。这一研究课题的难度很大,主要是因为助动词的意义和用法十分复杂。作者借鉴国外助动词研究的成果,采用条件类、道义类、认识类(作者另加一个估价类)分类框架,从而使得汉语历史上各个助动词的多项词义描写有了一个很好的参照系,也使得义项之间的引申脉络显得很清晰。这为今后汉语助动词和相关语法和词汇问题的历时和共时研究的进一步深入奠定了一个很好的基础。

个别用例的归类还可再斟酌,关于义项的引申演变规律,主线已经刻画得清楚,但还可进一步细化。

总体上说,这是一部高质量的书稿,我极力推荐它的出版。

沈家煊

2004 年 12 月 15 日

# 专家评审意见

洪 波

### (一)本书的优胜之处

1.本书是第一部系统且详尽研究汉语助动词演变史的著作,上自殷商下迄当代,是一部真正意义上的汉语助动词通史。书中将汉语史分成八个时期,对每个时期的助动词系统情况都进行了详尽的描写,对不同时期助动词的个体兴替、演化以及系统的嬗变也进行了周密的考察和分析。

2.本书将助动词分成认识、道义、条件和估价四类,对这四类助动词之间的演化关系、演化规律以及每一个助动词从一类到另一类的演化过程都进行了深入的分析研究,最后在书的第十三章对助动词的演化规律进行了系统的总结和阐发,指出了助动词演化的一些具有规律性的演化倾向,颇有见地,体现出作者有较强的理论意识和较高的理论素养。

3.本书对每个助动词的来源都进行了分析考察,详细分析了它们的语法化条件和语法化过程。作者在这种地方执辞谨慎,凡有所出,必有所据,不仅其结论都经得起推敲,也体现了作者严谨的学风。

4.本书材料宏富而扎实,作者精选了各个时期的文献近百种,对这些材料进行了大面积的穷尽式定量分析,工作量巨大,这份笨功夫是令人钦佩的。

根据以上四点,我们认为该书有出版的价值,值得列入文库出版。

**(二)本书可讨论的地方**

1.关于助动词的标准和范围问题。如何判断一个词是助动词,是一个比较麻烦的问题,助动词与动词和副词都有难以分清的瓜葛。作者用朱德熙先生用来判定现代汉语助动词的标准而有所折中,标准取舍的大方向是正确的,但是具体的处理情况还有可讨论的地方。比如,既然作者使用朱德熙的判定标准,即按五项形式标准来判定,那么,理论上讲,凡是符合这五项标准的都应算作助动词,而且应该采取合取的标准,而不能采取析取的标准,但作者发现这样在实际操作上有很大难度,因此实际操作上是采用析取的标准,尽管如此,作者也没有将这些标准贯彻到底,作者实际上所讨论的只是指表达情态意义的助动词,其他一些通常都认为是助动词的均被本书排除在外,比如古代汉语里表示被动的"见""被"有不少学者都归入助动词,本书就将其排除在外。就是按照本书的收录范围,也有所遗漏,比如本书收录了现代汉语的"一定",原因是它可以单用,古代汉语里表示相同意义的"必"却没有收入,实际上古代汉语的"必"也能单用,比如"暴虎冯河,死而无悔者,吾不与也;必也,临事而惧,好谋而成者也。"(《论语·述而》)

2.关于材料问题。本书所使用的材料除了甲骨文和金文之外,基本上都是传世文献,而春秋战国及两汉时期还有不少地下出土文献,本书对这些文献都没有利用,不能不说是本书的一个遗憾。建议修改时对地下出土的两汉以前的文献要有适当的利用。

3.关于分期问题。汉语史的分期是为了研究的方便,所以分几个时期合适完全取决于研究者的需要,所以本书将汉语史分为八个时期是没有什么问题的。但是,本书将两汉分在一个时期当中却有些问题,从本书所描写的西汉和东汉时期助动词系统情况来看,东汉与西汉有着显著的差异,将它们放在一个时期内,就在一定程度上掩盖了这种差异,也掩盖了东汉时期助动词的显著变化。

  总之,本书的优点是主要的,不足之处可以通过修改而得到完善。

洪波

2004 年 12 月 15 日